Callwey

Eine große Tradition erfährt ihre eindrucksvolle Renaissance: Wie schon vor über 120 Jahren, als englische Glashäuser aus Gußeisen in die ganze Welt verschifft wurden und reißenden Absatz fanden, werden auch heute wieder „Conservatories" exportiert. Auf der Baustelle aufgemessen, in England produziert, dort im Werk zur Probe einmal aufgebaut, wieder zerlegt und in Containern verpackt, erfreuen sich diese hochwertigen Glashäuser auf dem Kontinent seit etwa 20 Jahren unter Kennern grosser Beliebtheit. Traditionelle Formgebung, feingliedrige Konstruktionselemente und liebevoll bewahrte Details, wie von alten Formen abgenommene Messingbeschläge, verzierte gußeiserne Konsolen und eine Vielzahl von dekorativen Accessoires schaffen den gekonnten Rahmen für ein stimmiges, stilvolles Wintergartenambiente.
Firma: Marston & Langinger, Das Glashaus

Gezähmte Natur: Die Verbindung aus künstlich angelegtem Teich und darüber schwebender oder korrespondierender Architektur hat seit jeher Baumeister und Architekten fasziniert und bemerkenswerte Bauwerke hervorgebracht. Diese statisch auf das Minimum reduzierte Aluminium-Stahl-Konstruktion verbindet gekonnt Form und Funktion: Der Glaskörper ist neben seiner räumlichen Qualität auch solarer Energielieferant – die Ruhe ausstrahlende Wasserfläche sowohl Sinnbild der gezähmten Natur als auch kühlendes Medium an heißen Tagen.
Architekt: Rainer Hascher

Holger Reiners

Wohnen im Wintergarten

Aktuelle Entwürfe für
ein stilvolles Ambiente

Callwey

Inszenierte Lichtarchitektur für eine minimierte Stahl-Glas-Konstruktion (siehe Projekt auf Seite 54/55).

Der Wintergarten als heiterer architektonischer Akzent. Eine Konstruktion, die sich in dieser formalen Differenziertheit nur aus Holz herstellen läßt.
Firma: Marston & Langinger

Markante Rundbogenkonstruktion einer typisch englischen Conservatory-Architektur, wie sie heute wieder in ganz Europa angeboten wird.

Schon mit wenigen Zierelementen, wie den durch zarte Sprossen eingefaßten farbigen Gläsern, läßt sich das Besondere der Wintergartenarchitektur herausarbeiten. Architekten: Kovacs + v. Werz (siehe Projekt auf Seite 46/49)

Es geht in der Architektur
nicht um Kunststücke,
sondern um eine Symphonie.
Wir müssen den Zusammenhang
mit allem Existierenden wahren
und weiterentwickeln.

Juha Leivisk,
Carlsbergh-Architekturpreisträger 1995

Gestaltung und Produktion:
Helmut Gebhardt,
München
Mitarbeit: Stephan Riedlberger,
München
Litho: Fotolito Longo,
Bozen
Druck: Kastner & Callwey,
Forstinning bei München
Buchbinder: MiB Conzella,
Aschheim bei München
Printed in Germany
ISBN 3-7667-1176-8

Die Deutsche Bibliothek -
CIP-Einheitsaufnahme
Wohnen im Wintergarten:
Aktuelle Entwürfe für
ein stilvolles Ambiente/
Holger Reiners,
München: Callwey, 1995
ISBN 3-7667-1176-8
NE: Reiners, Holger

Inhalt

12 Das Anliegen dieses Buches

14 Beispielhafte Wintergärten

84 Der Wintergarten heute
– von der traditionellen Form
zur zeitgenössischen Architektur

98 Das Wintergartenambiente
– eine Frage der Nutzung

106 Die Planung:
Der Wintergarten erfordert einen
kundigen Entwerfer und Bau-
betreuer

110 Die baurechtliche Situation

112 Die wichtigsten architektonischen
Elemente

118 Die Konstruktionsmaterialien:
Holz, Stahl, Aluminium

126 Die Möglichkeiten der
Farbgestaltung innen und außen

132 Glas und Verglasung im
Wintergarten

142 Von der Wirkung des Details

146 Funktionale Aspekte:
Heizung, Belüftung, Beschattung

152 Möbel im Wintergarten
– phantasievoll, einfach, dekorativ

158 Anhang –
Architekten-, Firmenverzeichnis,
Bildnachweis, Literaturhinweis

Das Anliegen dieses Buches

Künstliche Paradiese werden sie gern genannt, die Wintergärten. Eine sehnsuchtsvoll poetische Formulierung, die treffend die Wünsche der Bauherren beschreibt. Doch charakterisiert sie auch die Realität? Fällt uns wirklich beim Anblick der vielen tausend Wintergärten, die jedes Jahr angepriesen, verkauft, geplant und gebaut werden, als erstes diese Assoziation vom „künstlichen Paradies" ein? Finden wir nicht die meisten eher enttäuschend, ihre bauliche Form einfallslos, die Konstruktion zu grob und die Möblierung unpassend – um nur die augenfälligen Defizite zu benennen? Und hören und lesen wir nicht von den vielen Mängeln, die Wintergärten aufweisen, daß sie häufig undicht sind, im Sommer viel zu heiß werden, sich nicht lüften lassen oder daß im Inneren das Licht so gleißend hell ist, daß man sich dort ohne Sonnenbrille gar nicht aufhalten kann? Das wirklich gebaute „künstliche Paradies" ist noch immer eher die Ausnahme denn Selbstverständlichkeit.

Die Verwirklichung eines derart besonderen Ambientes bedarf der kenntnisreichen Liebe zu einer jahrhundertealten architektonischen Idee: dem inszenierten Zusammenspiel von Raum, Licht und gezähmter Natur unter dem filigranen Zelt einer schützenden gläsernen Konstruktion. Zahllose mäßig gelungene Beispiele enttäuschen um so mehr, als es nur wenige Bauteilaufgaben gibt, über die geschichtlich so viele Erfahrungen vorliegen wie bei einem Wintergarten. Historische Beispiele in ihrem Konstruktions- und Formenspiel können ein unerschöpfliches Repertoire an Anregungen liefern. Viele große Wintergärten und Palmenhäuser sind heute öffentlich zugänglich, man kann sich bei einem Besuch von ihrem architektonischen Klima bezaubern und anregen lassen. Inzwischen gibt es auch wieder Literatur, die die Idee der künstlichen Paradiese von den Anfängen bis zu ihren architektonischen Höhepunkten im ausgehenden 19. Jahrhundert ins Bewußtsein rückt. Aus dem Eindruck traditioneller Palmenhäuser leiten wir auch heute noch unsere Wunschvorstellungen ab, sowohl bei den Entwürfen der sogenannten Solararchitektur als auch beim Wintergarten am Einfamilienhaus. An diese architektonischen Ursprünge will das Buch anknüpfen. Daher steht auch maßgeblich das Atmosphärische des Wintergartens im Vordergrund, bei den aktuellen Entwürfen in zeitgemäßen Formen ebenso wie bei den Projekten, die sich einer bewährten, traditionellen Architektursprache bedienen. Die Spanne der Entwürfe zwischen diesen Polen mag als Fundus dienen, eine stimmige Form für das eigene Unterfangen zu finden. Damit versteht sich das Buch in der Tradition der Musterbücher des vorigen Jahrhunderts, die eine Fülle von Bauelementen anboten, deren gekonnte Kombination dann in einem überzeugenden Gesamtprojekt ihren Ausdruck fand. Damals wie heute sollen die „Vorlagen" der Inspiration dienen, ohne Kopiervorlagen zu sein. Alle atmosphärischen Effekte aber, wie Bauform, Wirkung des Materials, Grazilität der Konstruktion, Detailausbildung, Möblierung und die dekorativen Ideen lassen sich aus ihnen ablesen und für das eigene Vorhaben umsetzen. Das Buch bietet keine technischen oder formalen Rezepte, auf Grundrisse wurde verzichtet, Maße und Raumanbindungen lassen sich aus den Fotos ablesen.

Wer den pflegefreien Wintergarten sucht, wird dieses Buch nicht benötigen. Ein stilvolles Ambiente, klassisch oder hypermodern, bedarf der ständigen Zuwendung. Es macht Arbeit, manchmal viel Arbeit, die reizvollen, dekorativen Elemente im Wintergarten – Pflanzen, Möbel, Wasserbecken, Licht, Accessoires – zu pflegen und immer wieder neu so zu arrangieren, daß sich eine einzigartige Raumwirkung entfalten kann. Erst auf diese Weise kann das kleine künstliche Paradies entstehen, von dem wir träumen.

Das klassische Gartenzimmer ist der Raum für den Übergang: Zeitlich verlängert er Frühjahr und Herbst, räumlich verbindet er Architektur und Natur. Diese Raumfunktion betont dieser Entwurf. Zwei Stufen führen vom Speisezimmer hinab in den Wintergarten auf Terrainniveau, der das Gefühl vermittelt, tatsächlich schon im Garten zu sein - aber dennoch geschützt unter Glas. Die sparsame, rustikale Möblierung unterstreicht diese auf Naturnähe zielende Gestaltungsabsicht. Um das dahinterliegende Speisezimmer ausreichend zu belichten, wurden die Holzkonstruktion des Wintergartens weiß gestrichen und der Boden mit reflektierenden, lasierten Fliesen belegt. Eine zweiflügelige Sprossentür trennt den Wintergarten vom Haupthaus. Auf diese Weise kann man den solaren Energiegewinn nutzbar machen ohne Energieverschwendung an kalten Tagen.

Architekt: Joachim Schild
Firma: Cornelius Korn

Glasarchitektur: Bekenntnis zu einer ressourcenschonenden Bau- und Lebensweise

Daß sich architektonische Eleganz und das Bewußtsein für eine konsequent ökologisch ausgerichtete Architektur nicht ausschließen, das belegt dieser Entwurf. Der symmetrisch angelegte Baukörper nutzt die Schräglage des Grundstücks, sein massives Kernhaus liegt mit den beiden unteren Geschossen geschützt im Hang. Davor erhebt sich linsenartig

der mehr als 60 Quadratmeter große, über beide Geschosse reichende Glaskörper. Seine Ausrichtung auf die ganztägige und ganzjährige Sonneneinstrahlung dient der optimalen Energiegewinnung. Überschüssige Wärme kann über eine zentrale Steuerung an das hochwärmegedämmte Haupthaus abgegeben werden: Ein natürlicher Strahlungsvorgang, der nicht nur eine wohlig warme Raumluft, sondern auch ein angenehmes Klima im gesamten Haus schafft. Entstanden ist eine zeichenhafte Architektur. Sie arbeitet wie bei allen landschaftsgerechten Bauten vergangener Jahrhunderte eine eigene Form heraus, die in besonderer Weise den funktionalen Anforderungen und den Eigenheiten des Ortes gerecht wird – ein individueller Entwurf in der Tradition der anonymen Architektur, auf deren Erfahrungen und Prinzipien wieder zurückzublicken lohnt.

Der elegante, durch Säulen gegliederte Wohnraum läßt sich durch faltbare Türen zum lichtdurchfluteten Wintergarten hin öffnen.

Glasarchitektur:
Bekenntnis zu einer ressourcen-schonenden Bau- und Lebensweise

Beleuchtet zeigt sich die gläserne Haut des Wintergartens besonders filigran. Deutlich sichtbar ist der untere Kranz der Zuluftöffnungen, korrespondierend sind am höchsten Punkt des Glas-

hauses Ausstellfenster über die gesamte Breite angeordnet, um bei Überwärmung im Sommer ausreichend Ventilation zu schaffen: ablesbare Funktionsprinzipien, die übertriebene technische Ausstattungen entbehrlich machen. Glashäuser dieser Größe lassen auch eine Bepflanzung zu, wie sie in solcher Üppig-

keit sonst nur in Gewächshäusern gedeiht. Und doch tritt der rein funktionale Aspekt des Gärtnerns hinter die eigentliche Bestimmung des Raumes, das Wohnen und Arbeiten, zurück. Eine Möblierung mit nicht korrodierenden und ausbleichenden Materialien ist allerdings Voraussetzung für das Zusammenklingen und gute Funktionieren von naturnaher Architektur mit ihren besonderen raumklimatischen Bedingungen. Vor allem aber: wer sich auf ein solches Ambiente inmitten großzügiger Bepflanzung einrichtet, muß sich auch auf Hege und Pflege einlassen. Dieser Anspruch verrät Haltung – Kultur ist nicht pflegeleicht.
Architekten:
LOG ID, Dieter Schempp

Kleine Baumaßnahme mit großem Effekt – der Wintergarten als architektonischer Akzent

Manchmal bedarf es nur geringer architektonischer Eingriffe, um das Lebensgefühl in einem Haus grundlegend zu verändern. Hier ist es zum einen die hinzugewonnene Nutzungsmöglichkeit als kleiner luftiger Sitzplatz mit den feuchteunempfindlichen Korbstühlen als typischer, traditioneller Wintergartenmöblierung.
Auf der anderen Seite wurde der Wintergarten auch einladender Zugang zum Garten. Mit einem kleinen Podest und gestenhafter Treppengestaltung läßt er den Gang hinab in die Natur zu einem bewußten und inszenierten Erlebnis werden. Der krönende Giebel schafft es, mit minimalem Aufwand aus dem einfachen Pultdach des Wintergartens eine eigenständige architektonische Form zu machen.
Architekt: Günther Merckle

Die farbenfrohe Welt des Wintergartens

Die Stimmung und Gefühlswelt, auf die sich die Erwartung im Wintergarten richtet, ist geprägt von Heiterkeit und Unbeschwertheit. Wohlige Sonnenwärme, der Duft der Pflanzen und das gekonnt aufeinander abgestimmte Farbspiel der Blüten gehören zu den wesentlichen Merkmalen der Wintergartenatmosphäre. Und wenn die Sonne einmal nicht scheint oder die Pflanzen keine Blüten entfalten, dann können farbige Gläser die Natur unterstützen. All diese Elemente verbindet dieser Glasanbau an einem Bauernhaus, der als Gartenzimmer mit geschlossener Decke angelegt wurde: Rückbesinnung auf das einfache, ländliche Pflanzenhaus. Das Weiß der geschlossenen Flächen reflektiert das Licht ins Innere des Hauses, die Farbtupfer der Signalgläser alter Bahnanlagen sorgen für interessante Lichtreflexe.

Große Glaselemente schließen das Gartenzimmer zum Haupthaus hin ab.
Ihre betonte Höhe über beide Geschosse schafft im Inneren den Ausblick von der Galerie in den Wintergarten, und dort die willkommene Luftigkeit, in der auch große Pflanzen prächtig gedeihen können.

Nostalgisch passend das Mobiliar, das mit alten Bugholzmöbeln die geistige Verbindung zu den großen Vorbildern der Glasarchitekturen schafft, ohne die die private Wintergartenkultur nie entstanden wäre.
Architekt: Kovacs + v. Werz

Mit gläsernen Wänden die Enge überwinden

Die Grundrisse kleinerer Satteldachhäuser entsprechen häufig nicht mehr unseren heutigen Wohnansprüchen. Ihre bauliche Form ist aber oft so ausgewogen, daß ein massiver Anbau die Architektur beeinträchtigen würde. Ein filigran gegliederter Glasanbau kann dann

die am wenigsten störende bauliche Lösung sein, wenn die Konstruktion so minimiert wurde wie in diesem Beispiel. Die massiven Wände wurden gläsern aufgelöst, die räumliche Enge wurde durch Vorbau und Transparenz aufgehoben.

Die farbenfrohe Welt des Wintergartens

Der Effekt der Transparenz: Das Haus wirkt jetzt in seinem Grundriß durch die herausgenommene massive Fassade sehr viel großzügiger und weiter, der Blick reicht vom Eßraum zum Wohntrakt und über den metallenen Glasanbau bis hinüber in den Garten. Betont wird der Wintergartenbereich durch die Absenkung des Bodens auf Gartenniveau und einen Natursteinboden, der in seiner Wirkung als kühles Element den gewünschten Kontrast zum eigentlichen Wohnbereich schafft: naturnahe Gartenatmosphäre auch während der unwirtlichen Jahreszeit.
Oben: Auch wenn die Konstruktion sehr leicht wirken soll und Sicherheitsscheiben die Unfall- und Bruchgefahr ausschließen, gibt ein die Brüstungsebene andeutendes Geländer ein zusätzliches Signal von Sicherheit. Auf thermischen Abstand zur Konstruktion gesetzt, könnten die Metallstäbe auch Heizungsrohre aufnehmen.
Architekten:
AT4 - Stroebel - Rotthäuser

Kultivierte Solararchitektur – wie aus der Zweckform ein richtungweisender Baustil wird

Waren die Anfänge der sogenannten Solararchitektur noch von reiner, fast mahnender Funktionalität bestimmt, so hat sich diese Haltung inzwischen zu einer ganzheitlichen Architektur-

auffassung mit Baukunstanspruch gewandelt. Sie belegt, daß sich formale Raffinesse, Eleganz und räumliche Großzügigkeit sowie ein verantwortungsvoller Umgang mit den Ressourcen verbinden lassen.

Der energiespendende Glaskörper und das traditionelle Kernhaus bilden eine stimmige Einheit, deren ablesbares Entwurfskonzept mit faszinierenden Raumangeboten die obere Ebene dieses Glashauses zeigt.

Kultivierte Solararchitektur – wie aus der Zweckform ein richtungweisender Baustil wird

Wo Bepflanzung die Tragkonstruktion berankt und das Grün die eher spröde Formensprache der Gewächshausarchitektur überdeckt, ist ein wichtiges Entwurfsziel erreicht, die Symbiose von Architektur und Natur. Der Blick von der Gartenebene auf die obere Terrasse im Glashaus zeigt, welche reizvollen formalen Gegensätze und Überlagerungen sich auf diese Weise ergeben können.

Unten: Wer hier in der Küche arbeitet oder am Eßplatz sitzt, hat stets den unmittelbaren Kontakt zur Welt des Pflanzenhauses mit seiner differenzierten Farbenpracht. Wenn die Temperaturen draußen sinken und die Heizung benötigt wird, schließen sich die Falttüren, um keine unnötige Energie zu verbrauchen. Das Glashaus wird zur Pufferzone, die auch bei starker Bewölkung und diffusem Licht noch immer einen Energiebeitrag leistet und bei tiefen Temperaturen die Pflanzen vor Frost schützt.

Rechts: Dominiert auf der oberen „Aussichtsebene“ das Gefühl von räumlicher Weite und Transparenz, so steht die Gartenebene im Glashaus eher unter dem Eindruck des üppigen Bewuchses eines Palmenhauses. Ein künstliches Paradies auch in der kalten Jahreszeit.
Architekten:
LOG ID, Dieter Schempp

Wintergartenatmosphäre für ein Badehaus

Den Reiz der Durchsichtigkeit macht sich dieser Entwurf für eine Bade- und Schwimmhalle zunutze. Bei ruhiger Wasserfläche scheint der Schwimmhallencharakter aufgehoben, aus dem Becken wird die spiegelnde Wasserfläche eines Teiches, über der große Blütenkelche als Lampen herabhängen. Neben aller Funktionalität des Badebetriebes läßt sich das Flair eines tropischen Gewächshauses erleben, das die Stelle eines klassischen Conservatories im Anschluß an das Speisezimmer einnimmt. Das feingliedrige Stahl-Glasdach aus dem Gewächshausbau zeigt, welche Gestaltungsmöglichkeiten in dieser an sich spröden, auf reine Funktion bedachten Konstruktion liegen, wenn man sie innenarchitektonisch gekonnt verfremdet.

Rückgriff auf die traditionelle Conservatory-Architektur: Das Gartenzimmer als eigenständiger Baukörper

Im Zuge der Umgestaltung eines Doppelhauses sollte ein neuer Eßplatz im hellen, luftigen Wintergartenstil entstehen. Bei den niedrigen Traufhöhen solcher Häuser stellt sich bei einem Anbau immer das Problem des Dachanschlusses. Um ein pultförmiges Dach anzusetzen, ist die Traufhöhe meist zu gering, auch wenn der Boden des Wintergartens um drei oder mehr Stufen abgesenkt wird. Überzeugender kann es dann sein, den Wintergartenanbau ganz vom Gebäude zu lösen. Dadurch bleibt die alte Dachkonstruktion erhalten,

und Dichtigkeitsprobleme werden vermieden. Vor allem aber kann der Wintergarten auf diese Weise eine ganz eigenständige Form erhalten, die mit dem Haupthaus kontrastieren kann – wie es viele englische Beispiele zeigen, oder wie dieses hier die Walmdachform wieder aufnimmt und so das Haus in seinen gewohnten Volumina ohne formale Brüche ergänzt. Die rechtwinklige Gebäudeform wirkt sich zudem günstig auf die statischen Bedingungen aus, der Baukörper ist als Kubus sehr stabil, die Konstruktion – hier ist es Holz –, kann sehr schlank und transparent ausgebildet werden.
Sehr schön ist der niveaugleiche Übergang zum Holzdeck und dem neu angelegten Teich gelöst, der die Natur in den Wintergarten einbezieht und ihm so, anders als im Wohnraum, eine ganz besondere atmosphärische Qualität verleiht.
Firma: Cornelius Korn

Haus, Wintergarten und Gartenanlage als Einheit sehen – die Gesamtschau als Planungsziel

Der Backstein ist das Markenzeichen norddeutscher Architektur, stets kombiniert mit vielen weiß gestrichenen Holzelementen – sie sorgen für die freundliche Ausstrahlung. Genau die fehlte dem Haus. Unsensible Umbaumaßnahmen hatten es entstellt. Es sollte daher in seine ursprüngliche klare Form zurückverwandelt und wieder mit schmückenden Elementen ergänzt werden. Das war die willkommene Gelegenheit, das Ensemble insgesamt zu überdenken und auch die Gartenanlage auf bessere Nutzungsmöglichkeiten hin zu untersuchen, die Stärken der Grundstückssituation herauszuarbeiten und der Gesamtanlage eine aufeinander abgestimmte Gestaltung zu geben. Dabei dient der Wintergarten sowohl zur Vergrößerung des etwas knappen Raumangebotes, ist Gartenzimmer und notwendiges architektonisch-optisches Volumen in der einst kargen Sockelzone am Hang, wie auch Dachterrasse für das Erdgeschoß, und kann willkommener Ausgangs- und Schlußpunkt im Erleben eines schönen Sommertages sein. Dazu laden jetzt die unterschiedlichen Sitzplätze im Garten ein, die endlich auch den vormals nicht genutzten Hang des Grundstückes einschließen. Die Architektur des Wintergartens aus Holz und die Geländerausbildung der Dachterrasse – die Gaube mit unpassendem Geländer wird noch zurückgebaut und der Gesamtgestaltung angepaßt – greift zurück auf die vielfältigen Architekturbeispiele norddeutscher Gartenzimmer, die seit dem 18. Jahrhundert für willkommene Heiterkeit in den hier oft regenverhangenen Tagen sorgen.

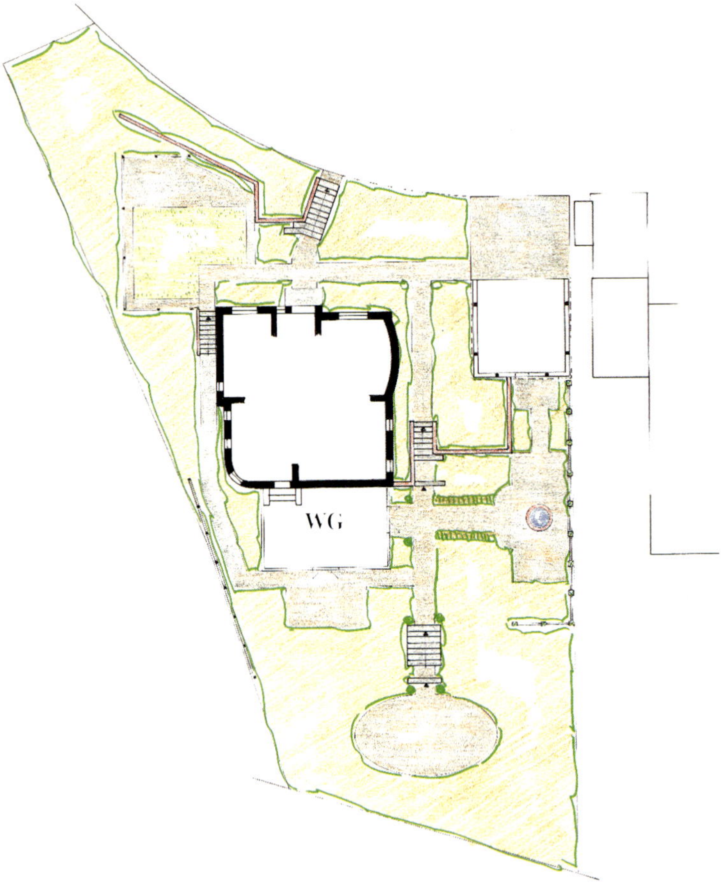

Architekten:
P + V, Possehn Voges
Firma: Cornelius Korn
Gartenarchitekten:
Ulrich und Hannelore Timm

Traditionelle Form mit zeitgenössischer Konstruktion: Wenn Erinnerungen an die Glaspaläste wach werden

Industriell hergestelltes Eisen und Glas haben seit der Mitte des vorigen Jahrhunderts die Architektur großer und kleiner Glas- und Palmenhäuser entstehen lassen. An die typische Tonnenform der Zentralbauten der Glaspaläste schließt dieser Wintergarten an, der den gekonnten neuen Abschluß eines Gründerzeithauses bildet, es gleichsam zum Himmel hin auflöst. Und wie bei den eisernen Membrankonstruktionen der Palmenhäuser besticht auch hier die Leichtigkeit der filigranen Konstruktion – allerdings aus Holz. Gebogene Leimbinder, ein mittig angeordneter Wabenträger und Zugstangen gegen die Windkräfte bilden das Traggerüst der Tonnenform. Wie zu Paxtons Anfängen scheinen auch hier erst die Glasscheiben die gesamte Konstruktion zusammenzuhalten. Und was von außen so groß wirkt, imponiert im Inneren als ein fast intimer, gläserner Körper, in dem das Licht dominiert. Auf der Rückseite des Dachaufbaus schafft ein kleiner Pflanzbalkon die Illusion, auch über der Stadt noch erdverbunden im Garten zu sein.

Wenn der Wintergarten die Fassade bestimmt - Besinnung auf ein reizvolles Architekturmotiv

Madrid ist vielleicht das eindrucksvollste Beispiel für eine Stadt, in der seit dem Ende des vorigen Jahrhunderts ganze Straßenzüge von fünf- und sechsgeschossigen Häusern durch eine differenzierte Wintergartenarchitektur geprägt werden. Jede Wohnung hat ihren eigenen verglasten Austritt, kleine, schwarze gußeiserne Räume, in denen gerade zwei Stühle und ein kleiner Tisch Platz haben - aber mit allen Qualitäten eines kleinen Gartenzimmers. Im Frühling, Sommer und Herbst ist es willkommener Gartenersatz, im Winter solarer Energielieferant. Ein altes Architekturmotiv also, das sich der hier gezeigte Geschoßwohnungsbau zunutze macht. Mit kleineren Wintergärten auf den unteren Ebenen und einem eindrucksvollen Pflanzenhaus im Dachgeschoß. Eine Architektur, die einladend ihre Flügel ausbreitet.

Eine solche Solararchitektur macht nur dann Sinn, wenn sich das Haupthaus konsequent von der Glaskonstruktion trennen läßt. Der große Glasanteil sorgt auch im Winter für einen hohen Energiegewinn und damit ausreichend Wärme für die Pflanzen.

Wenn der Wintergarten die Fassade bestimmt – Besinnung auf ein reizvolles Architekturmotiv

Unten: Das Faltelement trennt als Klimaschleuse das Pflanzenhaus vom Eßraum. Es kann entweder ganz an die Wand geschoben oder so arretiert werden, daß zwei Elemente feststehen und nur das letzte als praktischer Bedarfsflügel zu öffnen ist.

Eine verzinkte Gewächshauskonstruktion hat ihren eigenen funktionalen Reiz, wenn der darunterliegende Raum auch tatsächlich als Pflanzenhaus genutzt wird. Dann wird die Konstruktion zum willkommen transparenten Hintergrund, ist Schutzhülle für das Arrangement der Pflanzen und Gärtnerwerkstatt zugleich. Das Beispiel zeigt aber auch, welche formalen Möglichkeiten die Konstruktionselemente aus dem Gewächshausbau bieten, daß die gebaute Form keinesfalls immer dem traditionellen Satteldachgewächshaus ähneln muß – überzeugend.
Architekten:
LOG ID, Dieter Schempp

Rückbesinnung auf das klassische Gartenhaus

Der filigran dimensionierte Gartentrakt dient als räumliche Erweiterung des angrenzenden Haupthauses. Der leichte Holzbau birgt ein erdnahes, höhlenartiges Kinderzimmer mit Sanitäreinrichtungen und einen Wohnraum mit einer Schlafmöglichkeit „im Garten“ unter Glas. Große Schiebetüren öffnen den Raum zur Sonnenterrasse und zur Dachebene, die auch als Freisitz dient. Das leichte, flachgeneigte Dach liegt wie ein geöffneter Sonnenschirm über dem gläsernen Haus und steigert zusammen mit der „zerbrechlichen“ Glashülle die paradiesische Empfindung, wirklich in der Natur – und doch gegen die Unbilden der Witterung gut geschützt zu sein.

Rückbesinnung auf das klassische Gartenhaus

Daß sich auch mit zeitgenössischer Architektur das Besondere und Reizvolle der traditionellen Gartenhauswelt wiederbeleben läßt, zeigt dieses Beispiel eindrucksvoll.
Architekt:
Walter Stelzhammer

Faszination der Andersartigkeit

Wintergärten sind und waren immer ein gewisser Luxus, Räume, die nicht unbedingt benötigt, aber stets wegen ihrer unvergleichlichen Stimmung geschätzt wurden. Auch hier wurde beim Umbau des Gebäudes ein Wintergarten wegen seiner Raumqualitäten eingeplant. Er verbindet über Eck des großen Hauses angeordnet Küche und Eßraum, ist von beiden zugänglich und bietet auch beiden Räumen den freien Blick in den Garten. Vor allem aber besticht er durch seine Form und die

Leichtigkeit. Als achteckiger Pavillon schafft er sowohl von der Gestaltung her als auch in seiner Transparenz ein ganz andersartiges Ambiente, als es die geschlossenen Räume des massiven Haupthauses vermögen.
Der Wintergarten ist, was Entwurf und Ausführung betrifft, ein besonders sensibles Bauteil. Hier wurde Aluminium als Konstruktionsmaterial gewählt, das wegen seiner guten Tragfähigkeit besonders schlanke Profilausbildungen auch bei größeren Räumen zuläßt. Und wenn kleine innenarchitektonische Raffinessen wie die farbigen Gläser und das filigrane Ziersprossenwerk hinzukommen, dann lassen sich auch Serienteile der industriell ausgerichteten Profilhersteller zu überzeugenden Lösungen verarbeiten.

Faszination der Andersartigkeit

Der Wintergarten selbst läßt sich zum Garten über eine zweiflügelige Tür öffnen. Er ist aber bewußt nicht Zugang zur Natur – den bieten die Terrassentüren –, sondern Naturersatz in Zeiten, in denen der Garten selbst nicht genutzt werden kann. Für ausreichende Belüftung im Glashaus sorgt die kleine Dachspitze, die sich temperaturgesteuert bei Überwärmung ausfahren läßt. Die Zuluft erfolgt in Bodennähe. Im Inneren bestimmen Granitbelag, Pflanzkübel und feuchtebeständige Möbel den Werkstattcharakter des Gartenraumes, der in seiner Gestaltung auf atmosphärische Kühle setzt – willkommen an heißen Tagen – und zur lichten Orangerie in den Wintermonaten wird.
Architekten: Kovacs + v. Werz

Vom Reiz der Funktionalität – Gewächshauskonstruktionen

Gewächshäuser moderner Gärtnereien sind Produktionsräume – für Pflanzen. Ihre Architektur ist mit den geneigten Wänden optimal auf Lichteinfall, Lichtregulierung, Sonnenschutz und Belüftung eingestellt und gegen Feuchtigkeit und Verrottung durch Zink geschützt, kurz: hier bestimmt die Funktion Form und Konstruktion. Es ist aber keine abweisende, nüchterne Funktionalität, eher eine willkommene Ingenieurbaukunst, die nicht nur ein optimales Ambiente für Pflanzen bietet. In dieser Eindeutigkeit der Konstruktion, Farbgebung und Detaillierung, dazu mit der über Jahrzehnte erprobten Praktikabilität, können Gewächshauskonstruktionen gelungene bauliche Akzente in der modernen Architektur setzen. Ein Gewächshaus drängt sich in seiner Form nicht auf, will nicht mehr sein als ein Pflanzenhaus, Entwurf und Erscheinungsbild zeigen deutlich einen dienenden Charakter. Ideal für den Pflanzenfreund und günstig in der Anschaffung, wenn die Form des Glashauses die Verwendung genormter Profile, Lüftungsklappen und standardisiertem Sonnenschutz zuläßt.

Erlebniswelt Wintergarten

Bebauungspläne in Einfamilienhausgebieten setzen oft enge Grenzen, was zulässige Dachneigungen und Materialien angeht. Nicht so streng sind die Bestimmungen für Glasanbauten und Wintergärten. Mit ihnen läßt sich aus den oft einengenden Vorschriften ausbrechen und eine eigene, individuelle Welt schaffen. So wurde hier auf 25 Quadratmetern Fläche ein Wintergarten mit unterschiedlichen Erlebnisbereichen und Sinnesreizen gebaut: Eine kleine Holzbrücke führt aus dem Wohnraum über ein Wasserbecken

zu einem gemauerten Verweilplatz, von dem aus der Blick über den weiten Garten reicht. Er wird eingefaßt durch ein U-förmiges, ein Meter tiefes Erdbecken, das auch großen Pflanzen genügend Raum und Nährboden bietet. Die meditative Stimmung auf dieser Insel, der formal ein Teich im Garten antwortet, wird durch eine hohe Stahlstele verstärkt, die als Brunnen und kleiner Wasserfall fungiert.
Da der Wintergarten stark der Sonne ausgesetzt ist, sorgen Schneckenventilatoren für genügend Luftumwälzung, die Fassaden lassen sich je nach Sonnenstand mit einer außen angebrachten textilen Verschattungsanlage verhängen.
Architekten: Geising + Böker

Das gläserne Haus – Symbol der internationalen Moderne

Seit 1949, als der amerikanische Architekt Philip Johnson den inzwischen berühmtesten Glasbau der Moderne, sein Sommerhaus New Canaan, der Öffentlichkeit vorstellte, hat dieser Bautypus nichts an Faszination eingebüßt. Im Gegenteil, an dem kleinen Gebäude messen sich noch immer Architekten, wenn sie inmitten der Natur ein gläsernes Refugium bauen. Die Aufgabe ist nicht leicht: So wenig Architektur wie möglich und dabei so qualitätvoll, daß die wenigen baulichen Elemente und Proportionen sich mit der Harmonie der umgebenden Natur messen können – ohne sich in den Vordergrund zu drängen. Hier ist es gelungen.

Die Raffinesse des Entwurfes liegt in der Reduktion. Der gläserne Bau scheint über dem Wasser zu schweben. Nur die weißen Aluminiumprofile, die die Scheiben einfassen, markieren das Gebäude, während die grau gestrichene stählerne Unterkonstruktion sich kaum vom Farbton der Wasserfläche abhebt – die Architektur scheint entmaterialisiert. Aber ein so anspruchsvolles Bauprogramm verlangt als Gegenüber eine ebenso inszenierte Landschaft, deren Anlage mit Wasserbecken, Brücken und den Farbklängen und der Höhenstaffelung der Pflanzen die kundige Hand des Gartenplaners zeigt. Faszinierend, wenn beide Welten so selbstverständlich harmonieren. Architekten: Fuhl + Kirsch, Gartenarchitekt: Henk Weyers

Von der Kraft des Entwurfes – oder: mit einfachen Mitteln überzeugende Architektur schaffen

Daß es auch in der zeitgenössischen Architektur beeindruckende Wintergartenentwürfe gibt, zeigt dieses Beispiel. Ein raffiniertes Zusammenspiel aus integrierten und angesetzten Glashauselementen schafft einen überzeugenden Zusammenklang der massiven und gläsernen Wohnwelten. Verbindendes Element für beide ist das durchgängig zäsierende Linienraster, dessen Maß sowohl die Proportionen der verkleideten Fassade als auch das Maß der Glasscheiben bestimmt, schmale, lange Bahnen, die an die Scheibenmaße der Glaspaläste erinnern und in ihrer wohltuenden Kleinteiligkeit das Auge erfreuen. Ein Beispiel, das zeigt, wie sehr die Architektur vom durchdachten Detail bestimt wird. Und wenn der Entwurf das Gefühl von sorgfältiger Planung vermittelt – ein Eindruck, der sich auch dem Laien schnell mitteilt –, dann kann auch ein zeitgenössischer Wintergarten einen vergleichbaren Reiz ausstrahlen wie der historische, dessen Faszination schließlich am Anfang der Glashausentwicklung auch (fast) nur von Proportionen der Scheibenmaße ausging.

Das gezähmte Wasser als Symbol der gebändigten Natur ist als Element der feinsinnigen Gartengestaltung eine ideale Korrespondenz für den Wintergarten – als sinnliches Erlebnis ebenso wie als kühlendes Element an heißen Tagen.

Der Wintergarten als eigenständiger Baukörper – nach englischem Vorbild

Dieser Wintergarten aus Holz zeigt, wie eindrucksvoll sich eine durchgängige Gestaltung und Detaillierung auswirken. Eine nicht gerade einfache Aufgabe für einen Architekten und selten eine lukrative, ist doch der Planungsaufwand bei kleinen Aufgaben besonders hoch, nicht minder bei der Baubetreuung. Dieser Entwurf folgt dem englischen Vorbild eines an das Haupthaus angesetzten Baukörpers, der sich zwar stilistisch an diesen anlehnt, formal aber ein Eigenleben führt – der Wintergarten als sinnliches Ambiente, das in gewolltem Kontrast zur übrigen Wohnumgebung steht. Die blaue Farbgebung der Holzkonstruktion schafft die gewollt kühle Ausstrahlung, der weiß geflieste Boden bietet ausreichend Reflexionsfläche, so daß auch die angrenzenden Wohnräume genügend belichtet werden und an Helligkeit noch hinzugewinnen. Farblich und formal abgestimmte Möbel und Accessoires fügen sich zu einem Raumerlebnis eigener Prägung. Außen antworten blauer Anstrich, weiße Ziergitter und korrespondierende Gartenmöblierung der Innengestaltung – ein kleines Bauwerk von großem Reiz. Architekt: Gert Müdde

Die Illusion eines Wintergartens – oder was Glasfassaden zu leisten vermögen

In amerikanischen Wohnhäusern liebt man die Pflanzen eher auf Distanz – im Garten. Dort sorgen pflegende Hände und Bewässerungsanlagen oft für paradiesische Blütenpracht. Den Blick dorthin und über den See öffnet hier eine über den Baukörper hinausragende Glasfassade mit zum Haus hin geneigten Sparren, die den Eindruck eines großen Glashauses vermittelt. In diese inszenierte Raumillusion ist die Küche mit dem Bartresen einbezogen. Auch wenn hochwärmedämmendes Glas die Energieverluste mindert, so seien solche großen Abstrahlflächen in unseren Breiten nicht zur Nachahmung empfohlen – es sei denn, das Glashaus ist unbeheizt, zum Haupthaus abteilbar und läßt sich gezielt als solare Energiequelle nutzen.

Auch ohne Glasdach ein Wintergarten

Abweichend vom englischen Conservatory hatte der Wintergarten auf dem Kontinent in seiner Blütezeit um die Jahrhundertwende nur selten ein gläsernes Dach. An das Ambiente der alten Gartenzimmer knüpft dieser Entwurf an, der das Speisezimmer in den neuen Wintergarten verlegt. Der angesetzte Baukörper ist schlicht, drängt sich nicht in den Vordergrund und bewahrt das Typische der vorhandenen Architektur. Das leicht ausgestellte Dach gibt dem gläsernen Bau einen stimmigen oberen Abschluß. Da der Wintergarten stark der Sonne ausgesetzt ist, wurden Fußboden und Fensterprofile dunkel gehalten, um eine zu starke Blendung im Inneren zu vermeiden. Die großen Fensterelemente lassen sich um 180 Grad umklappen. So erhält der Raum die zusätzliche Funktion einer halboffenen Veranda.

Kontraste:
Fabrikarchitektur mit Gartenhaus

Dieser Entwurf setzt auf den Gegensatz. Was sonst hätte neben dieser prägnanten Ziegelfassade Bestand gehabt? Und so, wie sich der Fabrikhof wieder in Natur zurückverwandelt hat, scheint auch der keilförmige Wintergarten in seiner kontrastierenden Formensprache ein Zeichen setzen zu wollen. Wo früher einmal Maschinen lärmten, steht heute ein fast heiter wirkender Gartenpavillon, der dazu einlädt, geschützt die Friedlichkeit des Innenhofes zu genießen. Die leichte Metallkonstruktion nimmt mit ihrer Sprossengliederung das Motiv der Fabrikfenster auf, die Stege in der Dachfläche betonen die Keilform des Glashauses. Es vermittelt den Eindruck, als sei es nur vorsichtig gegen die Fassade gelehnt worden, jederzeit wieder demontierbar. Eine überzeugende Entwurfsgeste, die dem Bestand Respekt zollt, ohne sich zu verleugnen.
Architekt: Manfred Hecker

Die transparente Schichtung als Grundrißprinzip

Der Grundriß dieses Hauses folgt im Erdgeschoß einer klar gestaffelten Zonierung: Von den geschlossenen Räumen, die Geborgenheit vermitteln, öffnet sich die Raumfolge schrittweise mit unterschiedlichen Graden an Transparenz zur Natur. Der Wintergarten stellt die Verbindung beider Wohnwelten, drinnen und draußen, dar, von hier aus erschließen sich die Terrasse und der zum Hang leicht ansteigende Garten. Das Entwurfsprinzip ist auch in der Fassade ablesbar: Formen, Proportionen und Materialien des Wintergartens sind aus dem Haupthaus abgeleitet und fügen sich in die Gesamtgestalt des Hauses ein, das sich gestisch mit seinen vorkragenden beiden Gartenflügeln der Natur darbietet.
Architekt: Gert M. Mayr-Keber

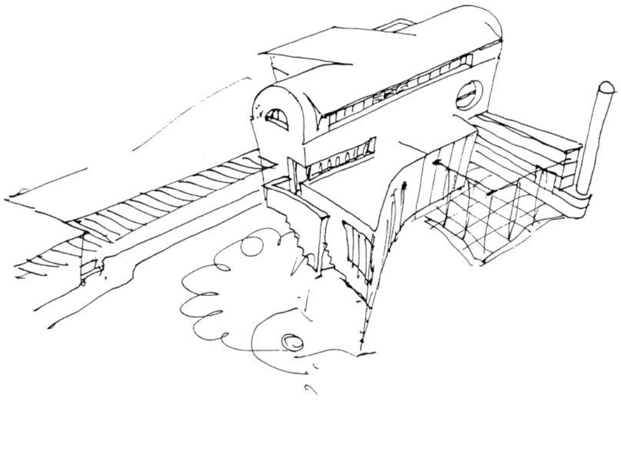

Der Sonne zugewandt – ein gläsernes Baumhaus

Dieser Entwurf bricht mit dem Gewohnten. Ein Sonnen- und Baumhaus, das mehr ist als geschützter Freisitz und Zugang zum Garten. Es erinnert vielmehr an ein Abenteuer-Baumhaus von Kindern, erhebt keinen Anspruch auf Perfektion – und funktioniert gerade deshalb besonders gut, auch als solarer Energielieferant. Dafür sorgen der mit Steinsplitt gefüllte Sockel, der als Wärmespeicher dient und ein Luftkanalsystem, das die überschüssige Wärme den angrenzenden Räumen zuführt. Die inneren Ebenen des Sonnenhauses wendeln sich um eine Mittelachse, einen grob geschnittenen Baumstamm, als wollten sie sich dem Licht entgegenstrecken. Die Stufen sind großzügig ausgelegt und können als Sitzflächen dienen. Die verwendeten Materialien betonen den Baumhausgedanken und sind mit Sinn für das Einfache ausgewählt. Die Stahlteile der Konstruktion wurden roh verzinkt belassen, der tragende Baumstamm sieht wie frisch geschlagen aus, und auch wenn die Farbgebung innen und außen einer feinfühligen künstlerischen Intention folgt, so bleibt doch der Eindruck vorherrschend, daß sich dieser kleine Bau

einer eindeutigen Beschreibung und Deutung entziehen will – wie ein fremdartiges Kunstwerk.
Architekten:
Architekturgruppe Bergmann Boerdner

Die klassische Orangerie zum Vorbild genommen

Das Entwurfskonzept dieses Neubaus greift auf klassische Vorbilder zurück: Zwei symmetrisch angelegte Häuser, beide nicht sehr groß, die Räume klein und intim, werden durch einen gläsernen

Trakt verbunden. Eine bauliche Anordnung, wie man sie in ähnlicher Form häufig bei englischen Landsitzen finden kann. Dort diente der gläserne Bau zum Überwintern der Pflanzen und im Sommer als willkommener Ort, Feste in anregendem Rahmen zu feiern. Blütendüfte wehen durch die Orangerie, und auch zu fortgeschrittener Stunde, wenn die Sonne untergegangen ist, strahlt noch lange die wohlige Wärme vom aufgeheizten Boden und den Wänden zurück. Diese Qualitäten macht sich der Neubau zunutze, auch er hat einen Wärme speichernden Steinboden und massive Seitenwände, deren Gelbtöne dem Raum auch bei bedecktem Himmel stets eine gewisse Freundlichkeit verleihen. Wegen des großen Volumens ist mit Überhitzung hier nicht zu rechnen, und um die Temperaturen ein wenig regulieren zu können, sorgen große, auswärts schlagende Lüftungsklappen für Ventilation. Die gedeckte Farbgebung verhindert allzu gleißendes Licht. Und: Neben allen räumlichen Qualitäten, die ein solches Glashaus bietet, ist es auch noch eine besonders kostengünstige Art, große Raumvolumen zu bauen. Die Kubikmeterpreise liegen weit unter denen einer konventionellen Bauweise.

Planung und Ausführung: Das Glashaus

Nostalgische Glashauswelt

steller dieser viktorianischen Conservatories, die inzwischen auch auf dem Kontinent an-geboten werden, haben sich die Liebe zu den nostalgischen Formen und dem schönen Detail bewahrt, ohne deshalb auf den gewohnten technischen Standard wie Isolierverglasung und Sonnenschutzanlage zu verzichten. Aber Funktionalität steht hier ohnehin nicht im Vordergrund, sondern die überzeugende formale Welt einer Zeit, in der handwerkliche Vielfalt und nicht kostenoptimierte Massenproduktion gefragt waren. Natürlich werden auch diese Glashäuser in Serie hergestellt – aber das sieht man ihnen nicht an.

Es gibt die Tischlerweisheit, „wenn es rund sein soll, hört der Verdienst auf". Ja, mit Rundungen, Verzierungen und verspielten Formen, die eigentlich für das Wintergartenflair unabdingbar sind, tun sich Hersteller hierzulande schwer. Daher kommt dieses Glashaus auch als Importprodukt aus England. Die Her-

Nostalgische Glashauswelt

Innen setzt sich die Liebe zum Detail fort – als würde die Architektur sie förmlich einfordern. Gelungen ist eine Mischung aus legerem kleinen Wohnraum und Gewächshaus für den Pflanzenliebhaber, der auf einen unempfindlichen Ziegelboden nicht verzichten mag. Wintergärten wie dieser sind nicht pflegeleicht. Die Konstruktion aus Holz benötigt in größeren Intervallen einen neuen Anstrich, die Bepflanzung bedarf täglicher Fürsorge und Möblierung und Ausstattung einer häufig tätigen Hand, die das Arrangement immer wieder neu aus Liebhaberei an der Dekoration verändert. Aber soll nicht auch die Freude an der unvergleichlichen Umgebung im Wintergarten im Vordergrund stehen?
Firma: Das Glashaus

Richtungweisend: Punktgestützte Ganzglaskonstruktionen für Wintergärten

Das bestehende Wohnhaus wurde um einen zweigeschossigen Wintergarten erweitert, der neben besonderer Raumqualität auch solare Energie für das ganze Haus liefern sollte. Anhand von Modellstudien erarbeiteten die Architekten Form und Konstruktion, eine hilfreiche Arbeitsmethode, die den gläsernen Aufsatz schon in kleinem Maßstab gut vorstellbar machte – besonders auch für die Bauherren. Das eigentliche Tragwerk des Wintergartens besteht aus Stahlträgern und Riegeln. Die um 4 Grad nach außen geneigte Glasfassade bietet aufgrund der nur an wenigen Punkten unterstützten Gläser ein Maximum an Transparenz – ein Glashaus im Wortsinne.

Die geneigten Dachscheiben (ebenfalls 4 Grad) sind aus Gründen des Blendschutzes punktrasterbedruckt, der überstehende Rand dient als Sonnen- und Witterungsschutz.

Richtungweisend: Punktgestützte Ganzglaskonstruktionen für Wintergärten

Im Innenraum zeigt sich der Kontrast aus konventioneller Bauweise und Glashaus besonders eindrucksvoll, die Materialität der Wand scheint aufgehoben. Nur die Rahmen der Fensterflügel deuten noch die Raumgrenzen an. Die Be- und Entlüftung des zweigeschossigen Wintergartens erfolgt unter und über den Fenstern durch Aluminium-Glas-Lamellen, die sich bei zu hohen Raumtemperaturen automatisch öffnen. Zusammen mit dem eingesetzten Sonnenschutzglas, der außen angebrachten Verschattungsanlage und dem bedruckten Glas der Dachscheiben (siehe Detailfoto) lassen sich die Temperaturen im Raum auch an sehr heißen Sommertagen angenehm regeln.

Entstanden ist eine konsequent moderne Architektur, die eindrucksvoll belegt, welche Multifunktionalität der Baustoff Glas inzwischen als Witterungsschutz, Sonnenschutz und statisches Element bietet. Darüber hinaus schafft es der Entwurf, den Eindruck von Glas als einem besonders zerbrechlichen und empfindlichen Element zu überwinden – ohne Unbehagen zu hinterlassen.
Architekten:
Hinrichsmeier + Bertsch

Architektonisches Kontrastprogramm

Stellt man sich die Pfeiler dieses Pflanzenhauses ein wenig nach hinten geneigt vor und die Öffnungen mit kleinteiligen Scheiben in filigranem Sprossenwerk verglast, der Bau erinnerte an die Zeit der italienischen Pomeranzenhäuser des 18. Jahrhunderts. An diesen Baugedanken knüpft der Entwurf des zweigeschossigen Wintergartens an, der als großzügiger Neubau in bewußtem Gegensatz zur Architektursprache des Satteldachhauses angelegt wurde. Und wie in den früheren Pflanzenhäusern steht auch hier die gebändigte Natur im Mittelpunkt. Große, einen Meter tiefe Pflanzbecken, ein unempfindlicher Dielenboden und eine großzügige Raumhöhe deuten die Funktion, Werkstatt des Gärtners zu sein, an. Weiß geputzte Wände, Eßtisch und Kamin weisen aber auch darauf hin, daß hier vor allem gewohnt werden soll – in einem Szenario, das ein normaler Wohnraum nicht zu bieten vermag.
Architekten: Geising + Böker

Das Atrium – baugeschichtliche Erinnerung

Das Atrium hat in seiner Baugeschichte so manche Funktionsänderung erfahren. Vom Raum mit offener Kochstelle über den repräsentativen Säulenhof bis zur verharmlosenden Bezeichnung für einen zu kleinen Garten reichen die Verwandlungen. Dieser Entwurf führt das Atrium zu den Ursprüngen zurück, macht es wieder zum einladenden Zentrum des Hauses. Wegführung, Wasserbecken und Pflanzinseln schaffen auf 64 Quadratmetern Grundfläche eine eigene Welt.
Das unter dem Glasdach entstehende angenehme Raumklima läßt sich auf Wunsch auch in den angrenzenden Räumen nutzen, denn alle haben Verbindung zum geistigen und physischen Energieraum dieses Hauses.
Architekten: Geising + Böker

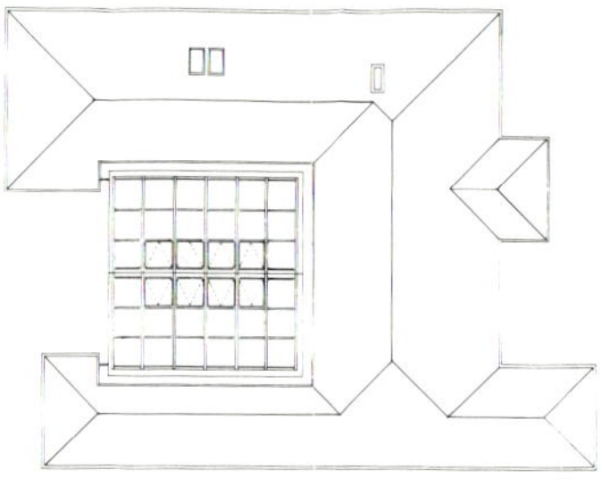

Stilvolles Wintergartenambiente – Ergebnis von Planung und Intuition

Der Wintergarten ist ein Raum großer atmosphärischer Dichte – im besten Fall eine kleine gebaute Symphonie.
Firma: Marston & Langinger

FRENCH FURNITURE MAKERS
BOYARDS

Stilvolles Wintergartenambiente – Ergebnis von Planung und Intuition

Sechzig Jahre lang war der Wintergarten nahezu vergessen, die Architekturmoderne hatte für diese Art von sinnlicher Architektur nicht viel übrig – Reduktion hieß das Gestaltungscredo, nicht Vielfalt, Üppigkeit oder gar verspielte Dekoration bis hin zur verpönten Palmenprächtigkeit der Gründerzeit.
Inzwischen haben wir uns besonnen, schauen gern zurück auf den guten alten Wintergarten, diese gekonnte Kombination aus Gartenzimmer und Wohnraum, der in der Leichtigkeit seiner Architektur stets etwas Unbestimmtes, fast Unbekümmertes hatte und so manche Belastung, die sich aus der Nähe zum Garten ergibt, ganz selbstverständlich verzieh. Auch wenn der Wintergarten sehr vielfältig genutzt werden kann, so ist er doch nicht „multifunktional" im Sinne eines heute nicht mehr positiv verstandenen Begriffes. Noch vor wenigen Jahren hielten die Architekten Multifunktionalität für der Planung letzte Weisheit – , bezeichnete sie doch einen Raum für alle Fälle – und keinen, denn diese Räume blieben immer gesichtslos, ohne Charakter. Leider zeigen so viele Wintergärten der letzten Jahre, daß dieser Begriff zwar nicht mehr explizit verwandt wird, die planerische Haltung, die ihm einst zugrunde lag, aber noch immer in den Köpfen ist: erst wird der „multifunktionale" Wintergarten gebaut und dann überlegt, wie er eigentlich genutzt und vor allem eingerichtet werden soll. Besser, wenn die Nutzung sehr intensiv bedacht und auch zu Beginn der Planung schon entschieden wird.
Das Verführerische an dieser Bauaufgabe ist ja, daß der Wintergarten als Solitär an einem Haus den großen Vorzug hat, beinahe wie ein Möbelstück dort geplant und aufgestellt werden zu können, wo er am besten seine Aufgabe erfüllt - vorausgesetzt, das Grundstück ist groß genug und die Bauvorschriften lassen eine so freie Planung und Standortwahl zu.
Inzwischen sind die Bauordnungsämter mit Baugesuchen für Wintergärten recht vertraut und gehen großzügig damit um. Am Anfang der Planung steht die Frage, wie der Raum eigentlich genutzt werden soll, ob als Pflanzenhaus, als Glashaus mit den Charakteristika der Solararchitektur oder als herkömmlicher Wintergarten mit dem Flair eines Gartenzimmers. Beim Pflanzenhaus bestimmen die Erfordernisse des Gärtnerns Größe, Form und Ausstattung. Eine Planungsaufgabe, die am ehesten ein Hersteller oder Fachbetrieb für gewerbliche Gewächshäuser zusammen mit dem Architekten zu lösen vermag. Auch die Solararchitektur hat sich inzwischen zu einem eigenständigen Planungsgebiet entwickelt, das komplexe bauliche Lösungen bearbeitet, die weit über die Erfordernisse eines Wohnwintergartens hinausgehen. Beide Bauaufgaben werden zwar oft noch unter dem Begriff Wintergarten verstanden, sind aber in ihrer technischen Komplexität und ihrem architektonischen und atmosphärischen Anspruch mit dem Wohnwintergarten nicht vergleichbar. Ihre vor allem technische Planung ist weniger Sache des Architekten als die des Fachingenieurs, ihr Anspruch ist schließlich auch nicht das stilvolle Ambiente, sondern eher funktional geprägt.
Dieser Ausdruck findet sich in der entstehenden Architektur, die sich so selbstverständlich aus den besonderen Anforderungen dieser beiden Bauaufgaben ergibt und ablesen läßt.
Auch wenn die technischen Erfordernisse in einem Wohnwintergarten weniger komplex sind, so sind es doch die gestalterischen Anforderungen, die zählen, obschon diese häufig nicht ernst genommen werden. Oft wird der Wintergarten mit Nutzungen überfrachtet, für die seine bauliche Ausführung nicht geeignet ist – zumindest nicht bei den mitteleuropäischen Klimaverhältnissen mit ihren kalten Wintern. In diesen Regionen beschränkt sich die Nutzung auf den Raum als temporäres Gartenzimmer, in dem sich nach Möglichkeit ohne zusätzliche Energiezufuhr immer dann

Erst der sorgfältig aufeinander abgestimmte Kanon aus architektonischer Form, sorgfältiger Materialzusammenstellung und differenzierter Gestaltung schafft die individuell-unverwechselbare Atmosphäre im Wintergarten.
Firma: Oak Leaf

Stilvolles Wintergartenambiente – Ergebnis von Planung und Intuition

gut leben läßt, wenn es wohlwollende Außentemperaturen und ein wenig solarer Energiegewinn zulassen – also nicht im strengen Winter: eine funktionale Einschränkung, die sich durchaus zu erkennen geben und so zu dem besonderen Charme dieses Raumes beitragen kann. Natürlich lassen sich auch Bäder und Küchen in einem Wintergarten planen, jedoch zu dem hohen Preis eines überproportionalen Energieeinsatzes. Eine Nutzung also, die eher Unbehagen als Wohlbehagen auslöst. Die Kunst des Entwerfens liegt nicht zuletzt auch in der Beschränkung, in der Konzentration auf nur eine Nutzungsmöglichkeit. Der Begriff Gartenzimmer beschreibt am besten die Planungsaufgabe – ein Raum für Aktivitäten, die an der Schwelle vom Haus zum Garten ihren Platz haben. Und jede einzelne, ob die Nutzung als Eßplatz, Sitzplatz, als Platz nur zur Aussicht auf den Garten, als Leseplatz, Frühstücksplatz oder Wohnraum für den langen Sommer – sie alle erfordern zu Beginn der Planung ihre Definition. Das beginnt mit der Entscheidung, welchem Raum der Wintergarten zugeordnet, von wo aus er versorgt werden soll, über die Grundrißform und die Größe, um den Eßtisch oder die gewünschte Anzahl von Sitzgelegenheiten arrangieren zu können. Ist die Grundrißebene auf die Nutzung abgestimmt, folgen Aufriß, Baukörper, Konstruktion und Materialwahl, also die eigentliche Architektur. Die Gestaltung des Fußbodens – er stellt die größte wahrnehmbare Fläche im Wintergarten dar – trägt ganz wesentlich dazu bei, welche Ausstrahlung der Raum später einmal haben wird. Für all diese Planungsschritte,die sich aus der ersten Nutzungsdefinition und dem gewünschten „Stil" ergeben, gibt es kein Rezept. Jede Entscheidung bedingt einen weiteren, den nächsten schlüssigen Planungsschritt auf dem Weg zu der eigentlichen Vorstellung vom Wintergarten und seiner späteren Nutzung – und ein nötiges Maß an spielerischer Intuition, die immer eines gewissen kreativen Auslösers bedarf. Jeder Wintergartenfreund wird feststellen, je eindeutiger und stimmiger die Planung einmal auf eine bestimmte Nutzung hin abgestimmt war, desto freier läßt sich später mit dieser Gestaltung umgehen. Architektur ist immer ein Experiment mit ungewissem Ausgang – die Ingredienzien für das Experiment Wintergarten soll dieses Buch liefern, wirken aber soll es vor allem als Katalysator – , damit etwas ganz Neues entstehen kann, ein persönliches, unverwechselbares Wintergartenambiente, das eigene künstliche Paradies.

Der zweite Wintergarten steht auch an einem Haus aus der Gründerzeit, ist aber ein neu geschaffener Anbau. Hier knüpft der Entwurfsgedanke altbaugerecht an die traditionelle Wintergartenform an, wie sie hier in der Nachbarschaft noch häufig anzutreffen ist. Auf dem verputzten Untergeschoß erhebt sich das Gartenzimmer, eine Holzkonstruktion aus handelsüblichen Fensterelementen. Die Bogenformen des Sockels und der weit auskragende Dachüberstand geben dem kleinen Baukörper eine eigenständige, elegante Form.
Architekt: Peter H. Wilkens
Firma: Cornelius Korn

Zwei Beispiele für die Revitalisierung des Wintergartengedankens aus der Jahrhundertwende. Der obere ist eine Rekonstruktion, die so selbstverständlich wirkt, als hätte sie schon immer dort gestanden – gekonnter Umgang mit der alten Bausubstanz. Die gesamte Konstruktion ist aus Holz, das Flachdach wurde als Terrasse für das Zimmer im ersten Obergeschoß ausgebildet, mit zartem Geländer als notwendigem, krönenden Abschluß.

Stilvolles Wintergartenambiente – Ergebnis von Planung und Intuition

Eine häufig anzutreffende Situation: Ein Einfamilienhaus mit zurückhaltendem architektonischen Anspruch sollte um einen Wintergarten erweitert werden. Da die niedrige Traufhöhe keinen direkten Anschluß an das Gebäude zuließ, wurde der neue Baukörper mit sensibel kontrastierender Architektur um einen Meter vom Haus abgerückt – ein eigenes kleines Gebäude mit nostalgischem Charme.
Planung: Das Glashaus
Firma: Marston + Langinger

Dieses englische Glashaus vermittelt durch seine historisierende Architektur und Detaillierung ein beschauliches Flair: zarte Bogensprossen in den Fenstern, Fußbodengestaltung mit Randfries und typisch viktorianische Pavillonform.

Stilvolles Wintergartenambiente – Ergebnis von Planung und Intuition

Bei diesem halbrunden Wintergarten ging es weniger um zusätzliche Wohnfläche als um die architektonische Qualität des Hauses, das durch den kleinen Anbau deutlich gewonnen hat. Die Gestaltungselemente des neuen Gartenzimmers greifen die Formen und Proportionen der angrenzenden Holzbauteile auf, so daß der Anbau in seiner tradierten Formensprache ganz selbstverständlich wirkt – so, als hätte er schon immer dort gestanden.
Architekt: Peter H. Wilkens
Firma: Cornelius Korn

Rechts: Auch hier überzeugt die nach alten Mustern entwickelte Form des Wintergartens, der als Eßplatz dient. Und wenn die Treppe in den Garten mit schön detailliertem Geländer noch montiert ist, dann wirkt auch diese Umbaumaßnahme so, als hätte sie nur einen schon immer bestehenden Zustand wiederhergestellt. Dieses Beispiel zeigt deutlich, wie wichtig für eine Fassade die Gliederung der Fenster ist: Im Sockelgeschoß stimmt es wieder, darüber schaut das Haus aus leblos hohlen Augen – und wartet auf die baldige Sanierung.
Planung: Das Glashaus
Firma: Cornelius Korn

Stilvolles Wintergartenambiente – Ergebnis von Planung und Intuition

Daß heutige Glashauskonstruktionen einem alten Haus durchaus guttun können, belegt dieser Anbau. Trotz seiner Andersartigkeit wirkt die gebäudehohe Form harmonisch, da sie in Volumen und Dachneigung dem Altbau entlehnt wurde. Dachfenster sorgen für ausreichende Belüftung, und im geöffneten Zustand verleihen sie dem Glashaus eine schmetterlingshafte Leichtigkeit.

Ein neu konzipiertes Holzbausystem für Wintergärten läßt sowohl klassische als auch nüchtern-klare Formen zu. Je nach Kleinteiligkeit in der Detaillierung lassen sich dann die unterschiedlichen atmosphärischen Entwurfsvorstellungen umsetzen. Wie sich unterschiedliche Ausstattungen auf die Raumstimmung auswirken, zeigt im Vergleich dasselbe Beispiel mit rustikaler Möblierung auf Seite 9.
Architekt: Joachim Schild
Firma: Cornelius Korn

Stilvolles Wintergartenambiente – Ergebnis von Planung und Intuition

Wenn sich amerikanische Architekten der einst in England kultivierten Bauform Wintergarten annehmen, dann werden daraus auch schnell die sprichwörtlichen amerikanischen Dimensionen. Aber trotz überwältigender Größe bewahrt dieses zweigeschossige Wintergartenambiente doch eine überzeugende Intimität. Jeder Standpunkt vermittelt andere illusionäre Welten: optische Raffinesse mit Bühnenbildcharakter.

Rechts: Ein weiteres Beispiel aus Amerika. Der große Wohnraum ist in der Abfolge der Ebenen und der Fassade kaskadenartig angelegt, ebenso die gestaffelt angeordneten Pflanzbecken. Der Entwurf überträgt die natürliche Geländeformation eines bewachsenen Hanges in die Sprache der Architektur. Balkone werden zu Felsvorsprüngen, die Treppe zur gefährlich auskragenden Böschung. Eine auf Dramatik setzende Architektur, die sich frei und unbekümmert der Vorbilder aus der Alten Welt annimmt.

Das Wintergartenambiente – eine Frage der Nutzung

Im perfekt dekorierten Gartenzimmer: Nicht alle Wände eines Wintergartens müssen verglast sein, im Gegenteil. Dieser ist an nur zwei Seiten verglast und besticht in seiner Wirkung durch die fein aufeinander abgestimmten Architektur- und Einrichtungselemente. Eine Spalierwand mit eingelassenem Pflanzbeet ist Rankhilfe und Dekorationselement, ebenso dienen die fein strukturierten Unterflurabdeckungen aus Gußeisen sowohl als Roste wie als Fries, um den Eßplatz einzufassen. An kühlen Tagen, wenn die Heizung arbeitet, umgibt dann ein kaum spürbarer Warmluftschleier die Tischrunde. Auch der Sandsteinboden erfüllt mehrere Funktionen. Er ist traditioneller Bodenbelag eines englischen Conservatories, warm und nuancenreich in seiner Farbwirkung, gutes Speichermedium an kalten Tagen und kühlendes Element bei hochsommerlichen Temperaturen. Er ist unempfindlich, verzeiht die Spuren des Gärtnerns und hat den Vorzug, mit zunehmenden Gebrauchsspuren in seiner Patina immer schöner zu werden. Und die intensiv grüne Farbgebung des Raumes schafft die Illusion immerwährender Vegetation, so daß auch im Winter schon einige wenige Pflanzkübel das gewünschte Wintergartenambiente vermitteln.
Firma: Oak Leaf

Das Wintergartenambiente – eine Frage der Nutzung

Hier wurde der Durchgang zwischen Haupt- und Nebenhaus mit einem Glasdach überspannt und dient jetzt als sonnendurchfluteter Wintergarten mit vielfältigen Nutzungsmöglichkeiten. Das Gelb der Wände unterstreicht den freundlichen Charakter des Raumes. Gut eingesetzt sind die weißen Holzarbeiten am Dachansatz. Sie bilden einen dekorativen Fries und verkürzen optisch geschickt die Wandhöhen, die sonst ein wenig unglücklich proportioniert wären. Aufeinander abgestimmt sind auch Ziegelboden, Pflanzkübel und der farbige Hintergrund der Wände, vor dem die breite Palette des Pflanzengrüns perfekt zur Geltung kommt.

Soll eher der Wohn- als der Pflanzenhauscharakter im Wintergarten betont werden, dann kann ein unempfindlicher Kokosteppich die kühle Wirkung des Steinbodens abmildern. Aber: Je konventionell wohnlicher, desto untypischer ist ein Wintergarten auch.
Firma: Glass House

Das Wintergartenambiente – eine Frage der Nutzung

Der Wintergarten als Eßplatz und Küchenerweiterung. Auch wenn die Küche ohne direkten baulichen Abschluß in den Wintergarten übergeht, so schaffen doch die beiden unterschiedlichen Architekturwelten eine eindeutige Zonierung: Der Funktionstrakt der Küche findet seinen Abschluß am Tresen, dahinter beginnt die inszenierte Bühne des Speisezimmers. Hier lassen sich das tägliche Mittag- und Abendessen ebenso arrangieren wie eine lange, elegant gedeckte Tafel bei Kerzenlicht – welch anderer Raum in einem Haus bietet schon ähnlich vielschichtige Gestaltungsmöglichkeiten?
Firma: Marston & Langinger

Eine ganz andere, kühl-elegante Stimmung vermittelt dieser Raum, dessen Gestaltung sich zwar einiger typischer Wintergartenelemente wie Glasfassade und leichter Stahlkonstruktion bedient, das typisch sinnliche Moment eines für Pflanzen bestimmten Raumes aber vermissen läßt. Dafür dominieren das Licht und die scharfen Kontraste von Schwarz und Weiß, vor deren Hintergrund jedes Möbelstück zu einem inszenierten Stück Innenarchitektur wird.

Das Wintergartenambiente – eine Frage der Nutzung

Ein gemütlicher Salon mit anregenden Details wie der zarten Sprossengliederung der Scheiben, den Ausstellfenstern, die für eine perfekte Belüftung sorgen und dem transluzenten Stoffhimmel, der nicht nur dekorativ ist, sondern auch effektiv das manchmal zu grelle Sonnenlicht filtert.
Firma: Marston & Langinger

Das kleine Paradies unter Glas: Im Mittelpunkt dieser Wintergartenwelt stehen die Pflanzen. Entsprechend wurden Einrichtung und Ausstattung gewählt. Pflanztische in Arbeitshöhe, ein federnder Holzboden, auf dem sich gut und ausdauernd stehen und der sich leicht pflegen läßt und ein einfacher Sonnenschutz aus dünnen Holzstäben bestimmen den einladenden Werkstattcharakter des kleinen, oktogonalen Pavillons.

Die Planung: Der Wintergarten erfordert einen kundigen Entwerfer und Baubetreuer

Die architektonischen Vorstellungen von einem Wintergarten reifen in der Regel langsam heran, Zeit genug also, sich parallel auch Gedanken zu machen, wer denn eines Tages die eigenen Wünsche in gebaute Realität umsetzen soll. Das entwurfliche Niveau des vergangenen Jahrzehnts zeigt, daß die Wichtigkeit einer überzeugenden Planung für den Bau eines Wintergartens erheblich unterschätzt wurde. Viele Bauherren sind auf verlockende Angebote der Hersteller hereingefallen, die mit Formulierungen wie „Planung und Ausführung aus einer Hand" geworben und den Eindruck erweckt haben, der Kauf eines Wintergartens sei ähnlich problemlos wie der einer Waschmaschine. Daß es sich bei einem Wintergarten um ein komplexes Gebäude mit einer Vielzahl von formalen, technischen und baurechtlichen Problemen handelt, wurde und wird noch immer gern verschwiegen. Jeder Bauherr tut daher gut daran, den Umfang der Planungsarbeiten nicht zu unterschätzen und sich intensiv mit der Wahl des Architekten zu beschäftigen, ehe dieser schließlich beauftragt wird.

Wintergartenarchitektur bedarf einer besonderen entwurflichen Leidenschaft für diese spezielle, wenn auch kleine, so doch detailreiche Bauaufgabe, die im Ergebnis die Fassade und die Ausstrahlung eines Hauses enorm bestimmt, sie verändern kann und damit entscheidend den Wert einer Immobilie mitbestimmt. Unpassende Entwürfe verderben nicht nur die Freude an einem solchen Bauvorhaben, sie beeinflussen im Veräußerungsfalle auch überproportional negativ den Kaufpreis des Hauses. Gerade dieser Aspekt wird häufig unterschätzt.

Bei konventionellen Bauaufgaben ist es relativ einfach, sich ein Bild über die Entwurfsarbeit des Architekten zu machen. Bei Wintergärten haben viele noch keine Referenzobjekte gebaut, ihnen fehlen auch häufig sowohl die technischen Kenntnisse als auch eine gewisse entwurfliche Raffinesse. Der Wintergarten verlangt den Entwerfer, der sowohl die bauliche Form als auch die innenarchitektonischen Vorstellungen angemessen umsetzen kann, schließlich liegt hier das Schwergewicht der späteren Raumwirkung. Kein einfaches Unterfangen für den Bauherrn also, den richtigen Partner für die eigene Wintergartenplanung zu finden. Um im Gespräch mit dem zukünftigen Architekten die eigenen Vorstellungen konkretisieren zu können und auch zu sehen, wie auf diese eingegangen wird, ist es ratsam, alle Kriterien, die das Glashaus erfüllen soll, vorweg schon einmal zu notieren. Das beginnt mit der Frage, wie der Wintergarten genutzt werden soll, welche Bedeutung Pflanzen zugemessen wird, welche Größe er haben soll, in welchem räumlichen Kontext er zu dem vorhandenen Grundriß stehen soll und ob es ein bestimmtes Material für die Konstruktion gibt, das den persönlichen Vorlieben am meisten entspricht. Viele Bauherren haben in diesem Stadium der Überlegungen bereits ziemlich feste Vorstellungen, wie ihr späterer Wintergarten aussehen soll. Jede der Fragen sollte daher möglichst detailliert beantwortet werden, um so leichter wird es dem Architekten fallen, an den Entwurf heranzugehen, die Wünsche entweder in der angedachten Form umzusetzen oder aber zu erkennen, daß alternative Entwurfsansätze vielleicht zu sehr viel überzeugenderen Ergebnissen führen. Um sicher zu gehen, daß der Architekt auch das erwartete Verständnis für die eigenen Wünsche aufbringt, ist es ratsam, erst einmal nur einen Vorentwurf zu beauftragen. Sagt dieser zu und stellt sich das Gefühl ein, gerade mit diesem Architekten seinen Traum vom Wintergarten erfüllen zu wollen, dann können auch alle anderen Leistungsphasen bis zur Übergabe des kleinen Bauwerks vertraglich vereinbart und in Auftrag gegeben werden. Es kann nur dringend davon abgeraten werden, mit den Entwurfsskizzen zu einem Hersteller zu gehen und diesen mit der Umsetzung zu betrauen. Der Wintergartenentwurf zeigt seine Qualität vor allem im Detail, in den Proportionen und in der Qualität der inneren und äußeren Raumbildung. Diese Feinarbeit in den Entwurfs- und Ausführungsschritten sollte man nicht einem Hersteller überlassen. Dieser setzt seine Prioritäten naturgemäß bei den eigenen Produktionsbedingungen und einer schnellen und kostengünstigen Auftragsabwicklung und verzichtet meist auf zeitraubende, ständige Abstimmung bis ins Detail mit den Bauherren. Liegt die nicht gerade einfache Aufgabe, den richtigen Architekten zu finden, beim Bauherrn, so stellt sich dem Architekten das Problem, ob er den ihm angetragenen Auftrag überhaupt annehmen soll. Einen Wintergarten zu entwerfen, mit den Bauherren die verschiedenen Entwurfsvarianten abzusprechen, die Baugenehmigung einzuholen, den Entwurf bis ins Detail durchzuplanen, die Bemusterung der Materialien und Farben vorzunehmen und schließlich den Bau zu betreuen und zu leiten, erfordert ein zeitliches Engagement, das gemäß Honorarordnung eigentlich nicht zu leisten ist. Das ist der Grund, warum viele Architekten Aufträge dieser Art ablehnen und ablehnen müssen, da sie sich wirtschaftlich nicht realisieren lassen. Die Folge ist, daß die Entwurfsverantwortung in vielen Fällen den Herstellerfirmen überlassen wird – mit dem oft schon zitierten Ergebnis. Bauherren kann daher nur empfohlen werden, die skizziert schwierige Honorarsituation mit dem Architekten zu besprechen und ihm anzubieten, die Aufwendungen, die vom Honorar nicht gedeckt werden, gesondert zu vergüten. Auch darüber sollten beide Seiten wie für Entwurf und Ausführung eine vertragliche Vereinbarung vor Planungsbeginn treffen. Je besser alle vertraglichen Fragen und Planungsschritte vorab geklärt werden, desto unbelasteter wird der Bauablauf sein. Wenn Bauherren einen Architekten weiterempfehlen, wurde meist nach diesem Prinzip verfahren.

Die Planung:
Der Wintergarten erfordert einen kundigen Entwerfer und Baubetreuer

Eine so komplizierte Bauaufgabe wie diese gehört in die Hand eines Architekten. Es wird viel zu wenig bedacht, daß ein Wintergarten ein – wenn auch kleines – komplettes Bauwerk ist. Es benötigt eine Gründung, meist auch eine statische Berechnung, eine bis ins Detail durchdachte Konstruktion, technische Ausstattung und Möblierung. Dazu kommt die Anbindung an das Haus, die konstruktiv und ästhetisch überzeugen muß. Mit der Fülle der beim Bauen auftretenden technischen Fragen sind die meisten Bauherren überfordert. Und die anbietenden Firmen sind meist nicht unabhängig genug, eine wirklich individuelle Beratung durchzuführen, sie neigen dazu, erprobte Standards zu verkaufen. Ohne diese renommierten Fachfirmen sind aber auch Architekten und Bauherren verlassen. Denn nur erfahrene Firmen sind in der Lage, überzeugende Glashauskonstruktionen zu bauen. Beiden Seiten zu einer überzeugenden Lösung zu verhelfen, ist Aufgabe des Architekten.
Firma:
Bartholomew Conservatories

Rechts: Das gekonnte Zusammenwirken von Architekt und Wintergartenhersteller dokumentiert auch dieser geschickt zwischen zwei Häuser gesetzte gläserne Verbindungsbau, der in seiner Plastizität, den angeglichenen Höhen und auch den vom Haupthaus übernommenen Proportionen der Scheiben eine gelungene planerische Lösung darstellt.
Firma: Marston & Langinger

Die baurechtliche Situation

Kleine Bauaufgabe – großer Verwaltungsaufwand. Und am Ende häufig ein gestalterisch dürftiges Ergebnis. Das ist die Realität bei Baugenehmigungsverfahren für Wintergärten, die allerdings nur zum Teil den Aufsichtsämtern angelastet werden kann.
Da die Gestaltung der Glasanbauten häufig von Handwerksfirmen, den Bauherren selbst oder auch von Architekten, denen es an Sensibilität für einen Wintergartenentwurf mangelt, vorgenommen wird, sind zwar nach erfolgtem Genehmigungsverfahren alle baurechtlichen Vorschriften erfüllt, Defizite und Sünden in der Gestaltung damit aber nicht ausgeschlossen. So erklärt sich die Fülle von wenig geglückten Wintergartenanbauten, die quer durchs Land zu finden sind. Bleibt die Hoffnung, daß in Zukunft zunehmend gestalterisch ausgewogene und handwerklich besser ausgeführte Wintergärten auch die Baubehörden mehr und mehr für diese kleine, aber formal so wichtige Aufgabe interessieren. Ein ausgeprägteres Gespür in Gestaltungsfragen befähigt sie dann vielleicht, auch einmal korrigierende Hinweise zu einer eingereichten Planung zu geben.
Ein Lernprozeß, der sich auch bei anderen Bauaufgaben erst nach und nach ergeben hat.

Als Beispiel sei die stilgerechte Sanierung von Fassaden im Rahmen der Energiesparmaßnahmen seit den siebziger Jahren genannt, die heute Selbstverständlichkeit ist, zu Beginn dieser Entwicklung jedoch häufig zu formal armseligen Ergebnissen geführt hat. Auch ein Wintergarten verändert oder prägt eine Fassade – zum Guten oder zum Schlechten. Die eigentliche Kontrollfunktion, ob der geplante Wintergarten auch wirklich die ästhetischen Erwartungen erfüllt, liegt beim Bauherrn selbst, die Planung beim beauftragten Architekten. Dieser wird vor Planungsbeginn mit dem zuständigen Bauamt abstimmen, ob und in welcher Größe ein Wintergarten an welcher Stelle des Hauses genehmigt werden kann. Eine Antwort, die sich in der Tendenz natürlich jeder Bauherr auch selbst einholen kann, ehe er seinen Architekten beauftragt. Die eigentliche Baugenehmigung ist dann von einem Vorlageberechtigten einzureichen, einem Architekten, Ingenieur oder in einigen Bundesländern auch von Baumeistern. Es sollte aber nicht allein darum gehen, irgend jemanden mit dem Durchsetzen der Baugenehmigung zu beauftragen, sondern in erster Linie darum, einen überzeugenden Entwurf anzufertigen, der dann auch innerhalb der Bauvorschriften oder gegebenenfalls durch Befreiungsanträge von geltenden Bestimmungen durch die Bauaufsichtsämter genehmigt wird. Nur mit gelungenen Entwürfen läßt sich längerfristig das Niveau der Wintergartenplanung anheben – noch weist es erhebliche Defizite auf. Für die Baugenehmigung gilt das gleiche wie für die Statik: beide sind verhandelbar, sie sind kein Diktum. Dieser Satz trifft in besonderem Maße für die Planung eines Wintergartens zu, bei der es um viel Fingerspitzengefühl geht, zuletzt auch beim Formulieren und Durchsetzen der Baugenehmigung. In strittigen Fällen kann sich der Entscheidungsprozeß über Monate hinziehen, im eindeutigen Fall ist mit einem positiven Bescheid nach etwa drei Monaten zu rechnen.
Einzureichen sind Flurkartenausschnitt, die nötigen Bauzeichnungen, eine Baubeschreibung mit Konstruktions- und Materialangaben sowie die voraussichtlichen Kosten, um auch der Baustatistik das nötige Zahlenmaterial zu liefern. Bei größeren Glashäusern ist darüber hinaus der Standsicherheitsnachweis von einem Statiker zu liefern und prüfen zu lassen.
Wintergärten, die als ständiger Aufenthaltsraum geeignet sind, bedürfen des Wärmeschutznachweises mit einer Energiebilanz für das ganze Haus. Diese kann durch einen vorgebauten Glaskörper in Südlage positiv beeinflußt werden – ein sinnvoller Nachweis also unter der ökologischen Zielsetzung, bis zum Jahre 2000 den Energieverbrauch im Einfamilienhaus um bis zu dreißig Prozent zu senken. Wünschenswert wäre es, daß die Bauämter in gestalterischen Fragen genauso effizient urteilen und entscheiden würden wie in den technischen – uns allen bliebe so manche Enttäuschung in der Architektur erspart.

Auch so kleine Überbauungen von Terrassen sollten wie jede Wintergartenbaumaßnahme immer persönlich oder von dem betreuenden Architekten gleich zu Beginn der Planung mit dem zuständigen Bauamt abgestimmt werden.
Firma: Marston & Langinger

Die wichtigsten architektonischen Elemente

Es geht in der Architektur um eine Symphonie. Auch wenn das inhaltliche Motto dieses Buches, der Satz von Juha Leivisk, daß beim Bauen mit diesem Anspruch das Existierende bewahrt und weiterentwickelt werden muß, natürlich für alle Planungsaufgaben gilt, so können doch der Wintergarten oder das Palmenhaus, das Conservatory und die Orangerie anders als andere Bauaufgaben, auf eine besondere, eine ausschnitthafte, lange und gleichzeitig sehr homogene architektonische Geschichte verweisen, in der Inhalt und Vorstellung dieser Gebäude bis heute nur wenigen Veränderungen und Entwicklungen unterlagen. Wir verbinden mit den genannten Bezeichnungen noch immer einen Bautypus mit besonders eindeutigen Charakteristika. Die Begriffe wecken Assoziationen, die das architektonisch Wesentliche anklingen lassen – Transparenz, Licht, Glas – und eine bauliche Form evozieren, die in der Vorstellung vom glasgedeckten Pflanzkasten bis zum domartigen Glaspalast reicht – bei stets sehr ähnlicher, weil funktionsbedingter Anlage von hauptsächlich geraden oder geneigten Glasflächen. Diese Vorstellungen verbinden sich darüber hinaus mit einigen wenigen, entscheidenden architektonischen Elementen, die bei keiner Aufzählung über das Charakteristische eines Wintergartens fehlen.

Ihnen allen ist eine gewisse Zeichenhaftigkeit eigen, die auf die besondere Bestimmung eines solchen Bauwerks verweist: seine Funktion als meist wohltemperierter gläserner Kokon, Ort des Wohlbehagens für Mensch und gezähmte Natur, ein Bauwerk, dessen Nutzbarkeit auch ein wenig von den Launen und Gaben dieser Natur, in erster Linie dem Sonnenlicht abhängt. Soll ein Wintergarten auch heute noch diese Eindeutigkeit ausstrahlen, dann bedarf es der gekonnten Verwendung gewisser architektonischer Bausteine, die auf die tradierten Vorstellungen verweisen oder diese in zeitgemäßer Interpretation anklingen lassen. Für die Bauherren und Entwerfer, die sich dieser Idee anschließen mögen, kann es gleichermaßen hilfreich sein, sich einmal in Gedanken dem fertigen Entwurf mit seinen gezeichneten Fassaden von außen zu nähern. Voraussetzung ist natürlich, daß sich der Architekt die Mühe gemacht hat, die Ansichten des Hauses mit dem Wintergarten einmal in Gänze zu zeichnen, vielleicht sogar perspektivisch die wichtigsten Stand- und Blickpunkte festgehalten hat, was leider häufig unterlassen wird, da man dem Wintergarten als Baumasse nicht die nötige Bedeutung zumißt. Diese Ansichten im Maßstab 1:100 oder besser etwas größer in 1:50 lassen sich so zeichnen, daß auch für den Laien schon auf dem Papier das spezifisch Atmosphärische des Wintergartens und die eingesetzten Materialien erkennbar sind. Dann bereits kann die Frage beantwortet werden, ob sich der Entwurf mit den Vorstellungen eines Wintergartens wirklich deckt und sich die beschriebenen Assoziationen einstellen, unabhängig davon, ob es sich um eine eher konservative Gestaltung oder auch die futuristische Architektur eines Solarhauses handelt.

Die Funktion, die der Wintergarten erfüllen soll, muß sich klar und eindeutig in der architektonischen Umsetzung widerspiegeln, wie ein Zeichen, dessen Deutung uns nicht schwerfällt. Auf der einen Seite sollen gewählte Wintergartenform und Haus zusammenklingen, auf der anderen muß der Wintergarten selbst eine schlüssige Form bieten. Keine leichte Aufgabe, schließlich hat das historische Architekturerbe hierfür die Maßstäbe sehr hoch angesetzt. Architektur alter Glashäuser besticht durch wenige Elemente, wie Form, Art und Ausbildung der Materialien für Konstruktion und Proportionen des Ganzen sowie der Einzelelemente, also des konstruktiven Gefüges und der Glasformate. Hinzu kommen die Teile der Mechanik, zum Beispiel die Gestänge oder alte Motoren der Belüftungsfenster, die oft durch ihre Formgebung und die kunsthandwerklich gekonnte Ausbildung der Details bestechen. Mit der Aufzählung dieser wenigen Bauteile sind fast schon alle Elemente beschrieben, die einen Wintergarten in seiner architektonischen Wirkung ausmachen. Betrachtet man auf dem Weg von außen in das Innere des Gebäudes dann noch die Detailzeichnungen der Innenausstattung, des Fußbodens, der Profilausbildung der inneren Konstruktionsteile, der Mechanik und Beschläge, sowie die Farbgebung, dann sollte auch von diesen Elementen jedes seinen formalen Beitrag zu einer stimmigen Komposition beitragen. Leider sieht die Realität noch immer anders aus. Konstruktionsteile werden zu wenig auf ihre formale Wirkung hin eingesetzt, Proportionen ergeben sich mehr oder weniger aus den Rastermaßen der Profilanbieter, die Böden werden häufig nur deshalb gefließt, weil dieser Bodenbelag eine relativ einfache Reinigung erlaubt. Dabei lassen sich dieselben Elemente und Materialien ganz unabhängig von den Kosten auch so einsetzen, daß Konstruktion und Ausstattung schon vor der eigentlichen Möblierung ein überzeugendes Gesamtkonzept präsentieren und die Möbel dann wie eine gekonnte Zugabe wirken. Genau das ist der Eindruck, den alte Wintergärten machen, die nicht mehr genutzt werden oder kleine Orangerien, die schon lange keine Pflanzen mehr zu schützen haben - noch immer ist die Atmosphäre dieser Glashäuser spürbar. Entwurfliche Raffinesse, materialgerechte Konstruktionen, eine gute handwerkliche Ausführung und die sich zwangsläufig einstellenden Gebrauchsspuren sowie eine würdige Patina, die sich mit der Zeit über jedes Gebäude legt, verleihen diesen Glashäusern und Wintergärten noch immer ihre unverwechselbare Ausstrahlung. Auch daran sollte denken, wer einen Wintergarten plant – dieser wird zwangsläufig nach wenigen Jahren nicht mehr so perfekt aussehen wie im Ausstellungsraum eines Herstellers oder in einer Hochglanzbroschüre. An den positiven Effekt der Abnutzung durch Gebrauch – schließlich ist der Wintergarten ja auch oft die Werkstatt des Gärtners – scheinen die Anbieter von Wintergartenkonstruktionen nur wenig zu denken, Abnutzung und Alter werden auch in der Architekturplanung nicht mehr oder nur wenig bedacht – dabei ist gerade der Alterungsprozeß eines der optisch am stärksten ins Gewicht fallenden Elemente. Gut, wenn sich eine Planung diese Erfahrung zunutze macht und sie nicht einfach verdrängt. Ein Wintergarten ist kein Wegwerfartikel und keine kurzlebige Modeerscheinung, die auf schnellen Umschlag und ständige Neuheiten setzen, sondern ein Stück Architektur, das seinen ganzen Charme erst in der langsamen Aneignung, der immer wieder neu und zu jeder Jahreszeit anders arrangierten Innenwelt aus Möbeln, Dekoration und Pflanzen entfaltet – eine fordernde, aber auch sehr lebendige Architektur mit großem Renditepotential: der Freude.

Die wichtigsten architektonischen Elemente

Auch neue, gerade erst aufgebaute englische Wintergärten vermitteln überzeugend den Eindruck einer ganz selbstverständlichen architektonischen Kontinuität. Das beginnt bei der baulichen Form – hier die geschickte Anordnung des Doppelgiebels, um bei großer Gebäudebreite nur wenig Höhe zu bekommen –, dem umlaufenden Sockel, der das Glashaus an das Gebäude anbindet, und setzt sich in der Detaillierung der Fenster, des Dachreiters und der Zierelemente fort.

Ist die große bauliche Form gefunden, die Höhe definiert und der beabsichtigte Eindruck auch der Fassade festgelegt, dann geht es an die Feinarbeit der Ausstattung und Details. Die Farbgebung gilt es zu überlegen, darauf Art und Farbe des Sonnenschutzes abzustimmen und in das Gesamtgefüge einen Fußboden einzuplanen, der sowohl den Nutzungs- und Pflegeansprüchen als auch den formalen Vorlieben gerecht wird, so wie hier bei einem diagonal verlegten, geschliffenen Kalkstein.
Firma: Paris Ceramics

Auch dieses ein englisches Beispiel, das aber genausogut an vergleichbaren hiesigen Häusern angebaut werden könnte, mit der spürbaren Freude am Detail, die diese Wintergärten so charmant macht. Die Abstaffelung der Fassade mit Schiebefenstern, die eine besonders luftige Atmosphäre schaffen, und den kleinen bleiverglasten Scheiben in den oberen Glasfeldern ist es, die eine liebenswerte architektonische Welt bietet, in deren formalem Angebot die klassische Wintergartenmöblierung ebenso paßt wie auch einmal ganz moderne Akzente.
Firma: Marston & Langinger

Ein Beispiel mit ganz anderem Anspruch.
Hier kam es bei der Konstruktionsfindung darauf an, dem Baukörper eine möglichst gläsern-transparente Form zu geben, um den Blick auf die dahinterliegende Fassade eines denkmalgeschützten Hauses nicht zu verstellen. Hauptträger und Stützen sind aus Stahl, ebenso die schlanken Glashalteprofile. Mit dem Aufbau dieser Primär- und Sekundärkonstruktion konnte das Entwurfsziel überzeugend umgesetzt werden. Alle anderen Werkstoffe hätten sehr viel massiver ausgelegt werden müssen. Das Atmosphärische des Wintergartens kann weniger die Architektur als die Möblierung und die Bepflanzung übernehmen.
Architekt: Hans Roth

Die Konstruktionsmaterialien: Holz, Stahl, Aluminium

Die wesentliche Aufgabe, die das Material für die Konstruktion des Wintergartens zuverlässig erfüllen muß, ist die Standsicherheit des Gebäudes. Darüber hinaus soll es möglichst witterungsbeständig und natürlich dauerhaft sein. Bei fachgerechter Konstruktion ist jedes der drei Materialien Holz, Aluminium oder Stahl dafür geeignet. Und vergleicht man Wintergärten gleichen architektonischen Standards, dann sind auch die Herstellungs- und Montagekosten der Konstruktionen in den verschiedenen Materialien in etwa gleich hoch. Bleibt das Argument der Pflege, Wartung und Unterhaltung. Grundsätzlich gilt, daß jede Konstruktion in gewissen Intervallen gepflegt und gewartet werden muß, damit sie ihre Funktion auch über Jahre einwandfrei erfüllen kann. Hier schneidet Holz in der Bewertung dann schlechter ab, wenn es um lackierte Wintergärten geht, die in erster Linie aus optischen Gründen alle sechs bis zehn Jahre – je nach Bewitterung - einen neuen Anstrich benötigen. Dem materialbedingten Nachteil des natürlichen und besonders umweltgerechten Baustoffes sollte man aber keine übermäßige Bedeutung beimessen. Positiv betrachtet bietet Holz vielmehr die Möglichkeit, im Reparaturfalle zum Beispiel sehr kostengünstig arbeiten zu können. Jedes Profil oder Bauteil läßt sich relativ leicht vom Tischler auswechseln, ob beschädigte Aluminium- oder Stahlprofile nach zehn Jahren noch in gleicher Form und Farbgebung zu ersetzen sind, ist dagegen keinesfalls sicher. Die Entscheidung für das Material sollte im übrigen weniger von vermeintlich praktischen Überlegungen und möglichen Preisvorteilen bestimmt sein als vielmehr von der gewünschten ästhetischen Wirkung der Gesamtkonstruktion und ihrer Details. Hier bestehen deutliche Unterschiede zwischen den Materialien Holz und Metall.

So sind es vor allem die Bauaufgabe, das Entwurfskonzept und die beabsichtigte gestalterische Wirkung, die die Materialwahl bestimmen sollten. Holz besitzt den einmaligen Vorteil der nahezu unbegrenzten Möglichkeiten, das Ausgangsmaterial profilieren und damit in besonderer Weise feingliedrig detaillieren und gestalten zu können. Seine Oberfläche hat, ob naturbelassen, lasiert oder lackiert, eine optisch und haptisch ausgesprochen angenehme Ausstrahlung. Darüber hinaus bedarf es keiner zusätzlichen Dämmaßnahmen im Schichtaufbau, Holz ist sein eigener Dämmstoff. Und werden die wenigen wichtigen materialbedingten Konstruktionsregeln beachtet, daß alle Flächen wasserabweisend ausgebildet sein müssen und sich an Stößen und Fugen kein Wasser sammeln oder keine Feuchtigkeitsnester bilden dürfen, dann sind Holzkonstruktionen ebenso haltbar wie die aus Metall. Alle heimischen Holzarten, die auch im Fensterbau verwendet werden, lassen sich gut für Wintergartenkonstruktionen einsetzen. Auf Tropenhölzer kann ganz verzichtet werden, denn bei nicht materialgerechter Beanspruchung, zum Beispiel einem Wintergarten, der als Gewächshaus mit ständiger Luftfeuchtigkeit von über 70% genutzt werden soll, ist es besser, ein anderes, passenderes Material zu wählen. Materialgerecht zu entwerfen, heißt bei Wintergärten aus Holz auch, Spannweiten und Materialstärken so aufeinander abzustimmen, daß der gewünschte Effekt einer möglichst transparenten Konstruktion gewährleistet bleibt. Das bedeutet bei Holz die Verwendung kleiner Stützweiten und schmale, tiefe Bauteile mit optimal tragendem Querschnitt. Sparren und Hölzer im Dach, die stark der Sonne ausgesetzt sind, sollten in jedem Fall aus verwindungsfreien Leimholzprofilen hergestellt werden.
Im Dachbereich kommt man außen nicht umhin, die Verglasungsstöße durch Aluminiumprofile abzudecken. Der Fußpunkt der Konstruktion sollte so ausgebildet werden, daß sich kein stehendes Wasser sammeln oder Spritzwasser das Holz durchfeuchten kann. Der Vergleich von jetzigen Holzkonstruktionen mit denen der

Jahrhundertwende zeigt deutlich, daß wir, trotz aller heutigen technischen Möglichkeiten der Profilbearbeitung, das Charakteristische des Materials Holz viel zu wenig ausschöpfen. Es fehlt noch immer der Sinn für das schmückende Detail, das verzierte Kapitell, den gestalteten Schaft einer Stütze, Profile an Fenstern und Türen, um nur einiges zu nennen. An den technischen Möglichkeiten liegt es nicht, auch nicht an den Kosten – vielmehr an einem zögerlichen Gestaltungswillen und vielleicht auch einfach an den fehlenden Kenntnissen, so sicher mit Profilen umgehen zu können, daß sie am Ende auch ein faszinierend stimmiges Gesamtkonzept abgeben. Allein die englischen Wintergartenanbieter beherrschen bisher diese Kunst, sie haben sich frühzeitig auf ihre handwerklichen Traditionen und auch deren Erfolgsaussichten besonnen.

Eine ganz andere ästhetische Wirkung hat der Stahl. Er ist das Material mit einer faszinierenden Tradition: den extrem transparenten Pflanzenhäusern und Glaspalästen des vorigen Jahrhunderts. Leider ist von dem variantenreichen damaligen Einsatz aus stahltypischen Stegprofilen und den vielen verzierten Gußteilen bis hin zu nachempfundenen organischen Formen, die diese Konstruktionen so großartig erscheinen ließen, nicht viel übrig geblieben. Heute wird das Angebot bei den Stahlkonstruktionen für Wintergärten von wärmegedämmten Normprofilen bestimmt – entsprechend sehen viele Entwürfe aus. Dabei ließen sich auch mit Stahlprofilen materialtypisch sehr variantenreiche Entwürfe ausführen. Schließlich kann man Normprofile durch additive Konstruktionen oder auch durch Bearbeitungsvarianten wie Schweißen, Schrauben, Biegen, Gießen und Formen sowie durch Materialkombinationen in einer nahezu unbegrenzten Vielfalt verändern und zu optisch interessanten Konstruktionen zusammensetzen. Das Bauen mit Stahl ist eine reizvolle und herausfordernde Aufgabe, weil sich die heutigen Konstruktionen in ihrer Anmutung an den alten Vorbildern messen können. Und da überzeugen bisher nur die materialgerecht konstruierten Glashäuser der Solararchitektur und die Unterspannkonstruktionen der punktgestützten Glaskonstruktionen. In der Gestaltung mit Stahlprofilen besteht noch Entwicklungsbedarf.

Der Baustoff Aluminium verdankt seinen Einsatz im Wintergarten den Erfahrungen im Fassadenbau. Die Bedingungen sind ähnlich, es gilt, Profile für die Verglasung gerader und schräger Flächen für Bauaufgaben in kleinem Maßstab anzubieten – ein neuer Markt war erschlossen. Die Profiltechnik mit thermischer Trennung ist ausgereift, das Angebot an Formen allerdings gering. Darauf muß der Entwurf Rücksicht nehmen, seine Gestaltungsmöglichkeiten liegen in erster Linie in der baulichen Form und der Farbgebung, weniger im ausgefallenen Detail. Zu häufig leider soll wegen der vermeintlichen Wartungsfreiheit mit Aluminium nur der Werkstoff Holz optisch ersetzt werden – das muß mißlingen. Ausgangspunkt für die Materialwahl von Aluminium sollte vielmehr die beabsichtigte Architektur sein, zum Beispiel ein Glashaus in sachlich moderner Formensprache, die von den gelungenen Proportionen der Glasflächen und dem Netzwerk der tragenden Profile lebt. Einzelne Projekte belegen durchaus, daß dort die interessantesten Entwurfslösungen entstehen, wo die Profile nicht nur baukastenartig, sondern im Verbund mit anderen Materialien wie Holz oder Stahl eingesetzt wurden oder wenn das sachlich spröde Aluminium bewußt in Kontrast zu natürlichen Werkstoffen wie Holz, Klinker, Ton oder Naturstein gestellt wird. Unter dem Aspekt der Gestaltung relativiert sich der Einsatz eines jeden Materials. Diesen Gesichtspunkt einem Bauherrn zu vermitteln, ist die Aufgabe des Architekten, vom Hersteller oder Verarbeiter ist eine neutrale Beratung nicht zu erwarten. Materialgerecht entworfen und konstruiert, ist jedes der drei Materialien überzeugend einsetzbar – darin zeigt sich die hohe Kunst des Entwerfens.

Die Konstruktionsmaterialien: Holz, Stahl, Aluminium

Holz und Gußeisen, das leider gar nicht mehr bei Wintergartenkonstruktionen eingesetzt wird, waren traditionell die Materialien, mit denen sich alle Stilvorstellungen, die auf das Dekor setzten, besonders gut verwirklichen ließen. Was sich früher so leicht aus Eisen in wiederverwertbaren Gußformen an Zierat herstellen ließ, kann heute nur noch in maschineller und handwerklicher Arbeit mit dem Werkstoff Holz gebaut werden. Alle anderen Materialien lassen eine individuelle Profilausbildung nicht zu. Wer sich für einen Wintergarten mit Rund-, Stich- und Korbbögen und historisierenden Stilelementen interessiert, sollte sich daher an Hersteller wenden, die Konstruktionen aus Holz anbieten. Andere Materialien, die dessen Eigenschaften kopieren und dabei auf das Argument der Pflegeleichtigkeit setzen, halten bei genauer Prüfung einem Vergleich nicht stand. Jedes Material sollte nur im Rahmen seiner spezifischen Werkstoffeigenschaften eingesetzt, dabei aber auch nicht überstrapaziert werden.
Firma: Vale Garden Houses

Die Konstruktionsmaterialien: Holz, Stahl, Aluminium

Die Abbildungen zeigen, wie eindeutig die unterschiedlichen Materialien die Architektur prägen und daß sie keinesfalls austauschbar sind. Links: Ein historisierender Wintergarten aus Holz mit sehr transparenter Dachkonstruktion, die von Zugbändern zusammengehalten wird, deren schön detaillierte Knotenpunkte nicht nur technische Notwendigkeit andeuten, sondern auch zur Gestaltung genutzt wurden. Um den Holzprofilen im Traufbereich und an der Laterne die Schwere zu nehmen, wurden sie gemäß dem Kräfteverlauf profiliert. Reizvoll sind auch die Zierelemente an den Stützen und die halbkreisförmigen Sprossenfelder, die den Türen einen bekrönenden oberen Abschluß geben.
Firma: Vale Garden Houses

Rechts: Eine ganz andere Entwurfsaufgabe, wie dieses große Solargewächshaus, ließe sich aus Holz in der gezeigten Transparenz nicht herstellen. Auch der manchmal hohen Luftfeuchtigkeit wäre der Werkstoff Holz auf Dauer nicht gewachsen. Konsequent also die Materialwahl, eine Stahlkonstruktion, deren einzelne Elemente die typischen formalen Eigenschaften eines großen Gewächshauses zeigen – Entwurf und Materialwahl bilden eine schlüssige Einheit. Auch die eher technisch anmutenden Motoren für die Ausstellfenster bilden hier mit den großen Gewächshausklappen eine für das Auge schlüssige Form – in einem viktorianisch anmutenden Wintergärten wären sie ein störender Stilbruch.
Architekten:
LOG ID, Dieter Schempp

Die Konstruktionsmaterialien: Holz, Stahl, Aluminium

Auch hier betont das Material die architektonischen Qualitäten: Die Wohnräume des Niedrigenergiehauses haben eine Fassadenverkleidung aus Holz, die das Geborgenheitsgefühl betont,

während die Stahlkonstruktion des Glashauses mit dem flügelartigen Dach Leichtigkeit und Flexibilität symbolisiert – das Atmungsorgan des Hauses, das mit der intensiven Bepflanzung für sauerstoffreiche Luft in den angrenzenden Räumen sorgt und auch für solare Wärme. Auch ein solcher Entwurfsgedanke ließe sich in

dieser Leichtigkeit in Holz nicht ausführen. Oben: Das Solargewächshaus ist eine Stahlkonstruktion mit optimaler Lichtdurchlässigkeit und im Gewächshausbau vielfach erprobter Belüftungsmechanik. Architekten: LOG ID, Dieter Schempp

Die Möglichkeiten der Farbgestaltung innen und außen

Die überwiegende Zahl der Wintergärten wird unabhängig vom Material in Weiß und bei Verwendung von Holz auch in Naturtönen angeboten. Dieses etwas eintönige Bild beginnt sich zu wandeln, immer mehr Architekten und Bauherren wollen ihren Wintergarten auch farblich gestalten und als Solitär durch die Farbgebung betonen oder als harmonische Ergänzung dem Haus anpassen. Darauf hat sich die Zulieferindustrie inzwischen eingestellt und bietet ihre metallenen Konstruktionsteile wie Stützen, Sparren und die Rahmenprofile für das Glas in einer Vielzahl von Farben an, wobei diese Profile wegen der geringeren Nachfrage häufig eine Lieferzeit von oft mehr als zwei Monaten haben. Auch individuell gewählte Mischtöne lassen sich im gewünschten Farbton entweder spritzen oder pulverbeschichten, die Kosten dafür sind natürlich höher als die der Standardware. Je heller die Farben gewählt werden, je farbechter und beständiger sind die Beschichtungen. Dunkle Farbtöne führen zu hohen Temperaturen bei Sonneneinstrahlung, die Konstruktion wird durch Spannungen belastet, Holzbauteile bekommen leicht Risse, an denen dann später die Farbe abplatzt und Feuchtigkeit eindringt. Dunkle Farben sollten also nur dort eingesetzt werden, wo der Wintergarten durch eine natürliche Verschattung gegen zu intensive Sonneneinstrahlung geschützt ist. Spätere Neuanstriche sind bei den Metallkonstruktionen zwar möglich, aber sehr aufwendig, da die Gummidichtungen, die das Glas einfassen, vor dem Anstrich sauber abgeklebt werden müssen. Holzkonstruktionen lassen sich dagegen viel einfacher in jedem gewünschten Farbton überstreichen, lasierte Profile auch später mit Lackfarbe beschichten. Gerade bei Holzwintergärten mit ihrer Profilvielfalt bietet sich eine differenzierte Farbgebung an. So mindern leicht gebrochene Weißtöne zum Beispiel die Blendwirkung, und ein helles Grün bietet nicht nur im Winter einen Hauch von Frühling, es läßt auch als Hintergrundfarbe die Grün-töne und die Blüten der Pflanzen in besonderer Weise zur Geltung kommen – viel besser als ein hartes Weiß. Und wer den Werkstattcharakter seines Wintergartens betonen will, wählt vielleicht für die Metallkonstruktion ein Zinkgrau oder bei Holzbauten einen Lasurton, der den schönen Charakter eines über Jahre vergrauten Bauwerkes zeigt. Die moderne Architektur hat die Farbe weitgehend aus ihrem Repertoire gedrängt, und der gekonnte Umgang mit Farbeffekten und der Farbe als Hintergrund einer inszenierten Architekturwelt ist immer mehr in Vergessenheit geraten. Dabei ist die Farbgestaltung nicht nur eine besonders effektvolle Art der Dekoration, sie ist im Verhältnis zum Einsatz anderer Materialien auch eine preiswerte Form der Gestaltung, die allerdings einer besonderen Kennerschaft bedarf. Vor allem dann, wenn die Farbgebung eine ganz selbstverständliche, unaufdringliche Komponente des Gestaltungskonzeptes darstellen soll, die Hauptakteure aber die Pflanzen und die Einrichtung sind. Keine leichte Aufgabe, in die sich auch die Architekten erst wieder einarbeiten müssen.

Um die Weißtöne der unterschiedlichen Materialien – das harte Weiß des Steins sollte dominieren – deutlich voneinander abzusetzen, wurden die Flächen der Holzkonstruktion und der Wände leicht abgetönt, ohne aber dadurch ihre Strahlkraft zu verlieren. Die Weißtöne „beißen“ sich nicht.
Firma: Marston & Langinger

Dieser Wintergarten dient hauptsächlich als Eßraum. Um das Atmosphärische einer Orangerie anzudeuten, in der das Grün dominiert, wurde die Holzkonstruktion passend gestrichen. Wenige Pflanzen reichen jetzt aus, um den Entwurfsgedanken anklingen zu lassen, der auch auf das im vorigen Jahrhundert so beliebte Grottenmotiv verweist – die Farbe als Erinnerungshilfe. Rechts: Ein sonnig-heiteres Gelb oder skandinavisch-lichtes Blau, das den unbewölkten Himmel symbolisiert, sind das klassische Kolorit für den Wintergarten. Diese traditionellen Farbkonzepte bedürfen einer stimmigen Möblierung, um die Innenarchitektur zum Klingen zu bringen. Hier bestimmen die leichte Bambusmöblierung und ein einfacher hellgelber Dielenboden den Raumeindruck eines heiteren Gartenzimmers. Auch an dunklen Tagen bleibt dieser Raum licht – und das auch ohne Glasdach. Auch wenn ihm die Transparenz eines Glashauses fehlt, so schaffen die wenigen architektonischen Elemente wie Sprossentüren, die an eine Orangerie erinnern, die Farbgebung und Möblierung doch ein einmaliges Ambiente, das eben nur ein Wintergarten bieten kann.

Die Möglichkeiten der Farbgestaltung innen und außen

Hier soll der weiße Anstrich des Wintergartens – eine in England hergestellte Holzkonstruktion – den Bau möglichst leicht erscheinen lassen. Die Sparren und Sprossen heben sich kaum gegenüber dem Weiß-Grau des Himmels ab, ihre Konturen verschleifen sich, je stärker die Sonneneinstrahlung oder der diffuse Lichtanteil ist. Das Weiß trägt auch dazu bei, möglichst viel Licht in die angrenzenden Räume zu reflektieren, ein Effekt, der durch die ebenfalls helle Möblierung mit typischen alten Palmenhausmöbeln aus Gußeisen noch verstärkt wird. Die Terrakottafliesen dienen als willkommene Absorptionsfläche und Speichermasse. Bewußt dunkel abgesetzt wurden die Konsolen an der Traufe und die Zugbandkonstruktion, deren filigrane Perforation den Eindruck von Rankgewächen vermittelt – ein Blickfang, der durch die Assoziation von Metall auch ein beruhigendes Gefühl von Stabilität bei der sonst sehr schlank gehaltenen Konstruktion gibt. Um optisch ein wenig Höhe zu gewinnen, erhielten die Fensterelemente Spitzbogensprossen, die im unteren Bereich den ungehinderten Blick auf die Landschaft freigeben, ohne dabei in ihrer Großflächigkeit ungegliedert zu wirken.

Glas und Verglasung im Wintergarten

Stabilität und Gestaltungsspektrum des Glases zeigt dieser Entwurf, der den Werkstoff in seiner tragkonstruktiven Eigenschaft betont – technologische Fähigkeiten, die bewußt den Kontrast zur erwarteten Zerbrechlichkeit des Materials herausfordern. (siehe auch das Projekt auf den Seiten 72–75)
Architekten:
Hinrichsmeier + Bertsch

In der Frage der Verglasung prallen unterschiedliche Auffassungen aufeinander. Gibt es „die richtige“ Verglasung für den Wintergarten? So eindeutig kann eine Antwort darauf nicht ausfallen, da Glas inzwischen ein derart multifunktionaler Baustoff ist, der scheinbar keine Wünsche mehr offen läßt. Vorrangige Priorität hat im Wintergarten meist die farbechte Wahrnehmung der Innen- und Außenwelt – schließlich ist sie das entscheidende Kriterium für eine ungetrübte und differenzierte Wahrnehmung der Natur. Und wo ist die mehr gefragt als zum Beispiel beim Betrachten der allein unendlich reichen Palette von Grüntönen in einem Garten? Wer neben die farbechte Wahrnehmung noch den Wunsch nach einer ausgefallenen, differenzierten, möglichst filigranen und bezogen auf die Reflexion der einzelnen Scheiben einer möglichst lebendigen gläsernen Haut setzt, der wird sich für ein einfaches, klares Glas entscheiden. Es ist besonders preiswert, läßt sich gut verarbeiten, unregelmäßige Formen stellen kein Problem dar, dazu ist es leicht, bedarf nur einer geringen Unterkonstruktion, und zerbricht einmal eine Scheibe, dann läßt sie sich sehr einfach auswechseln. Diese vorteilhaften Eigenschaften des Einfachglases und seiner Verarbeitung haben daher auch zu den beeindruckenden Glaskonstruktionen des vorigen Jahrhunderts geführt – differenziert-dekorative Klimahüllen von hohem grafischen Reiz. Daß die Kesselhäuser für die Dampfbeheizung dieser üppig-paradiesischen Welten den Blicken entzogen hinter Mauern und viel Immergrün versteckt wurden, zeigt das Dilemma: einfach verglaste Räume erwärmen sich zwar schnell, sie kühlen aber auch genauso schnell wieder aus, bei hoher Luftfeuchtigkeit beschlagen die Scheiben, der Niederschlag tropft herab – ein physikalisches Phänomen, dessen Nachteile meist die Schönheit vergessen lassen, die uns gelegentlich die bizarre Formenwelt der Eisblumen beschert. Es gilt also abzuwägen. Natürlich wollen und können wir heute nicht mehr so sorglos mit dem Energieeinsatz umgehen wie in früheren Zeiten. Aber es stellt sich doch die Frage, wann und wie oft der Wintergarten eigentlich genutzt werden soll und ob darin zum Beispiel auch Pflanzen überwintern sollen. Seit der Renaissance der Wintergartenbewegung neigen wir dazu, diesen Raum mit Behaglichkeitsansprüchen zu überfrachten. Er soll an vielen Tagen des Jahres nutzbarer Wohnraum sein, natürlich beheizbar, stets angenehm im Klima und auch noch für die Pflanzen ein wohltuendes Umfeld bieten. Inzwischen zeigt es sich, daß diese Wunschkombinationen nur auf Kosten der eigentlich ersehnten Wintergartenatmosphäre zu realisieren sind und daß die gebaute Realität dies auch widerspiegelt. Hintergrund dieser Entwicklung sind die so offenkundigen Vorteile der Zweischeiben-Isolierverglasung. Sie weist inzwischen bemerkenswerte Dämmeigenschaften auf, die fast der eines halben Meter starken Ziegelmauerwerks entsprechen. Und in farbneutraler Ausführung ist sie tatsächlich die zeitgemäße Verglasungsart. Ihre vielfältig positiven Eigenschaften sind inzwischen hinlänglich bekannt – geringe Wärmeverluste, behagliches, gleichmäßiges Raumklima ohne Zugeffekt in Scheibennähe –, sie müssen hier nicht mehr im Detail ausgeführt werden. Wichtig ist nur der Hinweis, daß es diese Wärmeschutzgläser, die nach der neuen Wärmeschutzverordnung für als ständiger Aufenthaltsraum genutzte Wintergärten vorgeschrieben sind, in unterschiedlichen Ausführungen und Beschichtungsarten gibt. Und diese sollte jeder Bauherr vor der Auftragsvergabe auf Lichtdurchlässigkeit, Farbneutralität und den Spiegeleffekt hin prüfen – und zwar von nah und auch in der Fernwirkung. Fachfirmen verfügen in der Regel über eine umfangreiche Palette von Musterscheiben, anhand derer sich die einzelnen Eigenschaften und Qualitätsunterschiede leicht überprüfen lassen. Neben den besonders guten Wärmedämmeigenschaften lassen sich die Isoliergläser auch noch mit anderen Funktionen kombinieren, so als Sonnenschutzglas, zum Beispiel zur Vermeidung einer äußeren Beschattungsanlage oder als Sicherheitsverglasung gegen Splitterbildung bis hin zum wirksamen Einbruchschutz mit besonderer Eignung gegen unerwünschten Beschuß. Einziger Nachteil dieser Funktionsanreicherung ist die Zunahme an Gewicht der einzelnen Scheiben, je differenzierter der Glasaufbau sein soll. Hohes Glasgewicht wiederum erfordert entsprechend tragfähig auszubildende Unterkonstruktionen, deren Erscheinungsbild sich nur noch bedingt mit der filigranen, farbechten gläsernen Haut der beabsichtigten Wintergarteneleganz verträgt. Eine Alternative zum typischen formalen Erscheinungsbild der Isolierglaskonstruktionen mit ihren genormten Stegbreiten von fünf bis sechs Zentimetern zur Glasaufnahme ist das relativ neu entwickelte Structural Glazing, bei dem die Isolierglasscheiben ohne innere und äußere Abdeckprofile verklebt werden; oder auch die punktunterstützten Glaskonstruktionen, mit denen sich flächige Glashüllen herstellen lassen, die ganz auf Rahmenprofile verzichten können. Das Charakteristische dieser beiden Konstruktionen ist allerdings, daß sich ihre Vorteile der Transparenz am ehesten bei großen Glasflächen zeigen, bei Dimensionen also, die im privaten Wintergartenbau eher die Ausnahme sind. Außerdem sind sie noch sehr kostspielig, ihr konstruktiver und finanzieller Aufwand geht weit über die inzwischen vertraute Technologie im Glashausbau hinaus. In diesen Glasverarbeitungstechniken liegt aber ein formales Potential, das eines Tages auch zu einer sehr zeittypischen, nämlich spezifisch energiebewußten Bauweise führen wird, die sich wohltuend von den bisher verwendeten Konstruktionen, die ja aus dem nüchternen Fassadenbau abgeleitet wurden, abheben kann. Stand nicht auch zu Beginn der Glashausarchitektur in der Mitte des vorigen Jahrhunderts das Ingenieurbauwerk mit ganz neuen, technisch revolutionären Materialien und Verarbeitungstechniken im Vordergrund? Aus dem Rückbesinnen auf den eigentlichen Zweck der gläsernen Haut, nämlich ihrer ungestörten Transparenz bei gleichzeitiger Ausnutzung der energetischen Möglichkeiten für den darunterliegenden Raum, ist sicher noch eine ganz neue Formenwelt zu erwarten – und ihr Erscheinungsbild wird möglicherweise dem der ersten feinnervigen Glaskonstruktionen ähneln, die uns noch immer so faszinieren. Glas und Verglasung – nicht nur eine nüchterne Angelegenheit, vielmehr das, was den Wintergarten eigentlich ausmacht.

Die Verglasung muß keineswegs bis an den Boden reichen, um den Eindruck von Transparenz zu vermitteln. Dieses Beispiel zeigt vielmehr überzeugend, wie sich mit den Höhen und Materialien im Ablauf einer Fassade spielen läßt.
Firma: Glass House

Glas und Verglasung im Wintergarten

Hier übernimmt die Verglasung der Fassade mit ihrem feinen Sprossennetz die zwar einfache, aber doch interessante Gliederung des Bauwerks, während die Dachscheiben großflächig bis an die Lüftungsklappen am First heranreichen. Aufgrund geringerer Luftzwischenräume beim Isolierglas und schmalerer Randleisten an den Scheiben lassen sich bei englischen Verglasungen die Fenstersprossen besonders schlank ausführen.
Firma:
Bartholomew Conservatories

Werden die Fenster- und Scheibenformate des Wintergartens in ihren Proportionen – nicht notwendigerweise in den Größen – von den vorhandenen Fenstern übernommen, stellt sich eine ganz selbstverständliche Harmonie zwischen altem und neuem Baukörper ein. Unterschiedliche Scheibengrößen bei gleichen Proportionen erhält man, indem die Diagonale der Scheibe jeweils verkürzt oder verlängert wird.
Firma: Marston & Langinger

Glas und Verglasung im Wintergarten

Die hellen Lichtflecken zeigen, wie stark zu viel Weiß blenden kann. Auf dem Glasdach wurde daher nach Süden ein ausrollbarer Sonnenschutz aufgebracht. Sonnenschutzgläser halten zwar in begrenztem Maße die kurzwellige Strahlung ab und verhindern die Aufheizung, gegen Blendung aber helfen nur dunklere Materialien und innerer oder äußerer Sonnenschutz. Auch der Bodenbelag sollte nicht nur nach praktischen Erwägungen, sondern auch wegen seiner optischen und haptischen Wirkung ausgewählt werden: Lassen sich auf den glatten Fliesen die Stühle gut bewegen, wie wirkt das Material in der kalten Jahreszeit und verträgt es auch einmal Schleifspuren durch Sand- und Erdreste unter den Füßen? Qualitäten, die das Wohlbefinden und die alltägliche Benutzbarkeit des Wintergartens ganz wesentlich beeinflussen.

Farbneutrales Wärmeschutzglas für ein Solargewächshaus. Das Glashaus ist über eine verschiebbare Leiter begehbar, um die Reinigung zu erleichtern. Eine einfache und wirksame Konstruktion.
Architekten:
LOG ID, Dieter Schempp

Glas und Verglasung im Wintergarten

Glastechnologie pur: Das Einscheibensicherheitsglas dient als transparenter Dachüberstand, der die isolierverglaste, senkrechte Fassade vor Regen schützt. Im Bereich der Decke ist das Glas mit einem Punktraster bedruckt. Es filtert die kurzwellige Lichteinstrahlung und ist auch Blendschutz. Außerdem fällt so die Verschmutzung der Scheibe bei der fast waagerechten Verglasung nicht so auf. Gehalten werden die senkrechten und waagerechten Scheiben durch punktförmige Verschraubungen (siehe auch Projekt Seite 72 ff.).
Architekten:
Hinrichsmeier + Bertsch

Untersicht einer äußerst schlank konstruierten Stahl-Glaskonstruktion. Auch wenn die schräg geschnittenen Isolierglasscheiben einen erheblichen Aufpreis kosten, rechtfertigt ein guter Entwurf den einmaligen Aufwand allemal.
Architekten:
LOG ID, Dieter Schempp

Von der Wirkung des Details

Es ist in diesem Buch schon häufiger auf die Bedeutung des dekorativen Details hingewiesen worden. Das Ambiente im Wintergarten braucht die Dekoration wie ein Theaterstück das Bühnenbild. Es lädt zum Hinschauen ein: Architektur, Mobiliar und Pflanzen, jeder Bereich fordert seine eigene gestalterische Entsprechung. Dabei ist es gleichgültig, ob der eher provisorische Werkstattcharakter eines kleinen Gewächshauses, das Einladend-Gemütliche eines Gartenzimmers oder sogar auch das Ästhetisch-Zweckhafte eines Lichtraumes im Vordergrund steht. Im Wintergarten ersehnen wir den verzaubernden Hauch einer architektonischen Welt, die so treffend und unklar zugleich das „künstliche Paradies" genannt wird. Inzwischen gibt es auch moderne Wintergärten, die uns eine solche bestaunenswerte Welt vor Augen führen. Aber was sind diese Einzelbeispiele gegen die Glasarchitektur des 19. und beginnenden 20. Jahrhunderts, als Firmen Musterbücher herausgaben, in denen nicht Hunderte, sondern Tausende von Bauteilen und Artikeln für den Wintergarteninteressenten angeboten wurden, die dann wie Komponenten zu einem großen Klangbild zusammengefügt werden konnten. Dabei handelte es sich nicht um ein niveauloses Sammelsurium von Kitschartikeln, sondern um sinnvolle Accessoires, die sich von Anbieter zu Anbieter in Funktionalität und Formgebung geradezu wetteifernd unterschieden, als gelte es, eine neue Welt zu formen. Das genau war das Ziel, der Wintergarten sollte durch seine Andersartigkeit bezaubern – das Ambiente sollte bestechen. Noch gibt es im deutschsprachigen Raum nichts Vergleichbares, kein Unternehmen, das sich ganz den Erfordernissen des Wintergartens verschrieben hätte. Erst zögerlich beginnt man, den Reiz der originären Wintergartenarchitektur wiederzubeleben, die baulichen Hüllen werden qualitätvoller, weil sich Bauherren immer weniger mit der Uniformität des gängigen Angebotes zufrieden geben. Das fordert die Firmen heraus, sich der historischen Errungenschaften der künstlichen Paradiese, deren Glanz nicht an Bedeutung verloren hat, zu erinnern und auch zu bedienen. Leider enttäuschen die meisten Wintergartenkonstruktionen in bezug auf ihre formalen Qualitäten und Details. Gestalterische Armut entlarvt sich, da Funktionalität im Wintergarten eine Selbstverständlichkeit sein muß, aber kein Selbstzweck sein darf. Ein Rahmenprofil muß nicht nur eine Glasscheibe sicher halten, kein Wasser eindringen lassen und dauerhaft sein – denn das ist heute technische Voraussetzung und Standard. Unverständlich, warum es so sehr an formaler Raffinesse mangelt, betrachtet man Fensterprofile, Sparren, Stützen, Fensterbänke, den Mauersockel, Fußboden, die Beschläge, Stellmotoren für die Fenster, die Pflanzborde und -körbe, um nur die wesentlichen innenarchitektonischen Komponenten zu nennen. Hier ist es an der Zeit, endlich neue Vorschläge für eine adäquate Wintergartenarchitektur zu machen. An der fehlenden Begeisterung für diesen Raum, für das Leben mit Pflanzen kann es nicht liegen, die Bereitschaft, ja Sehnsucht danach ist groß. Allein es fehlt an Anstößen für eine überzeugende architektonische Antwort. Die gezeigten Beispiele wollen versuchen, den Weg zu weisen, zu ganz neuen Lösungen zu kommen – an den technischen Kenntnissen und den passenden „Bausteinen" fehlt es nicht. Die Pioniertaten der Glasarchitektur liegen schon über hundert Jahre zurück und haben noch immer nicht ihre Faszination verloren. Staunend stehen wir vor der Fülle der Details, die dort unser Auge in solchem Übermaß erfreut – warum nur dort?

Eine Fülle von Holz- und Glasdetails bietet die Untersicht dieser Wintergartenkonstruktion mit ihrem schmückenden Fries aus Bleiglaselementen, die es in England wieder als vorgefertigte Elemente gibt.
Firma: Glass House

Von der Wirkung des Details

Dieser bulgarische Kalkstein (unten) mit dunkel eingefärbten Quadraten desselben Materials hat fast die gleiche Härte wie ein Marmor, ist aber in seiner Wirkung ein eher „weicher" Stein, der atmosphärisch nichts Kalt-Abweisendes hat, sondern eher das Gefühl warmer Behaglichkeit vermittelt. Er ist frostbeständig und auch für die Verlegung im Garten geeignet, so daß Innen- und Außenbelag eine formale Einheit bilden können. Eine noch raffiniertere Patina hat der alte Kalkstein aus England, dessen durch Gebrauchsspuren leicht unregelmäßige Oberfläche eine besondere Lebendigkeit ausstrahlt. Aus dem gleichen Material gibt es auch neue Bauteile für Pflanzbecken, Fußleisten und Stufen, die sich zu einem harmonischen Ganzen zusammenfügen lassen.
Firma: Paris Ceramics

Hier zeigt eine Holzkonstruktion, welchen Formenreichtum dieses Material bei gekonnter Verarbeitung bietet. Die Vor- und Rücksprünge in der Fassade, das fili-

grane Netz der Sprossenfenster, der Fries an der Traufe und die Füllungen in der Sockelzone schaffen ein gekonntes Raumbild, dessen Zierformen zum Teil dem Haupthaus entlehnt wurden. Firma: Oak Leaf

Funktionale Aspekte: Heizung, Belüftung, Beschattung

Ob ein Wintergarten beheizbar sein sollte, ist allein eine Frage des Komfortanspruches, bei dem Behaglichkeit und Energieaufwand sowie Kosten gegeneinander abgewogen werden sollten. Grundsätzlich benötigt ein Wintergarten keine Heizung, und diese sollte auch nur bei besonderem Bedarf oder an wenigen sehr kalten Tagen im Winter als Frostwächter für die Pflanzen eingesetzt werden. Schließlich ist ein Gartenzimmer kein allzeit wohltemperierter Wohnraum. Bei richtiger baulicher Ausführung mit stark gedämmter Bodenplatte gegen das Erdreich und einer guten, farbneutralen Isolier- oder gar Wärmeschutzverglasung sowie einem größeren Anteil an dunklen Speicherflächen entsteht durch den solaren Energiegewinn soviel Wärme im Wintergarten, daß dieser einen Großteil des Jahres als Aufenthaltsraum genutzt werden kann. Eine Heizung sollte nur als zusätzliche Energiequelle vorhanden sein, sich bei Bedarf schnell erwärmen und die Wärme effizient an den Raum abgeben – also keine Fußbodenheizung. Zu bedenken ist stets, daß auch in einem sehr gut gedämmten Wintergarten der Energiebedarf mehr als das Doppelte eines vergleichbaren konventionellen Raumes ausmacht. Bei ungenügender Dämmung und Wärmeverlusten über undichte Fugen kann der Wärmebedarf auch mehr als das Zehnfache ausmachen. Eine derart unnötige Energieverschwendung verträgt sich kaum mit unserem Verantwortungsgefühl eines auf besondere Sparsamkeit ausgelegten Energieverbrauchs. Die Planung sollte deshalb darauf ausgerichtet sein, daß sich alle nur möglichen solaren Energiegewinne für den Wintergarten und auch das Haupthaus nutzen lassen und dies durch einfaches Öffnen und Schließen der Türen zum Glashaus – eine Erfahrung, die jeder energiebewußte Wintergartenfreund schnell für sich zu nutzen lernt. Wintergärten, die sich räumlich nicht abtrennen lassen, sollten gar nicht erst gebaut und bestehende müßten eigentlich wieder zurückgebaut werden, da sie den Anforderungen der neuen Wärmeschutzverordnung nach weiteren Energieeinsparungen nicht entsprechen.

Auf eine Heizung im Wintergarten kann also verzichtet werden, auf eine gut funktionierende Be- und Entlüftung gegen Überhitzung im Sommer nicht. Art, Anzahl und Größe der Zu- und Abluftöffnungen hängen vom Umfang der Besonnung des Glashauses ab und sollten für jeden Bau gesondert abgeschätzt oder berechnet werden. Am besten hat sich eine Kombination aus natürlicher und thermostatgesteuerter, mechanischer Belüftung bewährt, die auch bei Abwesenheit und geschlossenen Fenstern effektiv und vor allem einbruchsicher arbeitet. Die natürliche Lüftung macht sich das Prinzip des thermischen Auftriebs zunutze, wenn dazu ausreichende Zuluftmöglichkeiten am tiefsten Punkt des Wintergartens und Abluftöffnungen am höchsten Punkt angeordnet werden, möglichst über die ganze Breite des Glasdaches, um Wärmestaus zu verhindern.
Je größer der Höhenunterschied zwischen den Öffnungen, um so stärker sind Kaminwirkung und Luftdurchsatz. Diesen kann man noch optimieren, indem die Zuluftöffnungen kleiner als die Abluftöffnungen dimensioniert werden, so daß im Raum ein leichter Unterdruck entsteht. Wird die Zuluft vor dem Raumeintritt über ein Kühlmedium, zum Beispiel einen Teich geleitet oder aus Kellerräumen angesaugt, dann lassen sich an heißen Tagen im Glashaus auch angenehme Temperaturen einige Grade unterhalb der Außentemperatur erzielen.
Die Zuluftklappen am Boden sollten stets durch Insektengitter geschützt sein. Alle Zu- und Abluftklappen lassen sich auch motorisch und temperaturabhängig steuern, Regenmelder sorgen dafür, daß sie sich rechtzeitig schließen, um unerwünschten Wassereintritt zu verhindern. Bei den Stellmotoren allerdings sollte man auf die Anordnung achten, da sie in der Form nicht gerade gefällig sind – ihr Einsatzbereich ist normalerweise der Gewerbebau. Spezielle kleine und formschöne Motoren für den Wintergarten gibt es bisher leider nicht. Eine Alternative stellen Walzenlüfter dar, die am höchsten Punkt des Wintergartens verdeckt angebracht werden können. Temperaturgesteuert halten sie den Raum auch bei Abwesen-

heit stets wetter- und einbruchgeschützt auf einem angenehmen Klimaniveau, so daß auch Pflanzen nicht plötzlich zu hohen Temperaturen ausgesetzt sind. Schiebeöffnungen in den Fenster- oder Türelementen, möglichst in Bodennähe, sorgen bei diesem Belüftungsprinzip für ausreichende Luftzufuhr.
Die dritte bauliche Komponente, die einer mehrdimensionalen Planung bedarf, ist die Beschattung des Wintergartens. Ist in den Winter- und Übergangsmonaten das Eindringen der Sonnenstrahlen zur Energiegewinnung erwünscht, so kann es im Sommer äußerst lästig sein. In geschlossenem Zustand können dann ohne Sonnenschutz im Raum Temperaturen bis zu 50 Grad über der Außentemperatur entstehen, denen kaum eine Pflanze und auch so manche Konstruktion nicht gewachsen sind. Abhilfe schaffen Verschattungsanlagen, die sowohl unter funktionalen als auch unter gestalterischen Gesichtspunkten geplant werden sollten. Außenverschattungen sind am wirksamsten, aber empfindlich, teuer, leicht verschmutzend – und, da sie aus dem Fassadenbau stammen, in der Regel sehr nüchterne technische Anlagen, die sich nur selten mit der gewünschten Atmosphäre eines Wintergartens vertragen. Abpflanzungen mit laubtragenden Bäumen oder schnellwachsenden Rankgewächsen können eine Alternative sein, ebenso, nicht die gesamte Dachfläche zu verglasen, sondern etwa das obere Drittel mit wärmegedämmten Paneelen und einer Blech- oder Kupferabdeckung zu versehen. In all diesen Fällen ist allerdings mit Lichteinbußen und auch geringeren Solarenergieerträgen zu rechnen. Aus dem Gewächshausbau stammt das Verschattungsprinzip aus abrollbaren Zedernholzbahnen, die direkt auf dem Glas aufliegen und einen Großteil der Sonnenstrahlen bei Bedarf wegfiltern - dekorativ und wirksam zugleich. Die Frage der Effizienz von innenliegendem Sonnenschutz wird bis heute kontrovers beantwortet. Immer wieder tauchen Forschungsberichte mit erstaunlich positiven Ergebnissen auf, Erfahrungen zeigen aber deutlich, daß innenliegender Sonnenschutz, mit Abstand zur Verglasung angebracht, ohnehin nur dann einen Effekt bringt, wenn der Zwischenraum gut belüftet werden kann. Innerer Sonnenschutz ist deshalb auch eher als guter Blendschutz zu verstehen. Hierzu gibt es allerdings ein vielfältiges und reizvolles Angebot, das allen Wünschen in bezug auf das typische Wintergartenambiente gerecht wird. Die Verschattungsanlagen reichen von einfachen Blendrollos in jedem Sparrenfeld über feine Holzstäbchenrollos, die etwa zwei Drittel des Sonnenlichtes wegfiltern und dabei je nach Dichte ein interessantes Licht- und Schattenspiel ergeben, über abrollbare Stoffbahnen und fest montierte Sonnensegel, die auch als ein inneres Zelt gestaltet werden können, bis hin zum wirksamen natürlichen Blendschutz, dem wild wachsenden Wein. Der Gestaltung sind kaum Grenzen gesetzt. Leider bieten die meisten technisch besonders ausgereiften Innenverschattungen formal nur bedingt akzeptable Lösungen – es lohnt also, eher auf die Gestaltungen zurückzukommen, die manuell zu betreiben sind, auf die farbigen Stoff- und die eleganten Holzrollos mit ihrem südländischen Charme. Verschattung ist nicht allein ein technisch lösbares Problem, sondern vielmehr ein architektonisches und dekoratives Element, das sich nahtlos in das jeweilige Wintergartenkonzept einfügen sollte.

Funktionale Aspekte: Heizung, Belüftung, Beschattung

Ein Wintergarten, der neben den atmosphärischen Qualitäten des Innenraumes und der auf den Garten abgestimmten Gesamtkomposition auch alle wesentlichen Elemente einer solaren Energiequelle bietet: Aus architektonischen Gründen wurde auf ein schräges Glasdach verzichtet, die Transparenz des Raumes schaffen die großen Glasflächen und die wärmegedämmten Glaskuppeln. Der Überstand des Flachdaches verhindert das Eindringen der Sonnenstrahlen in den Sommermonaten, die tiefstehende Sonne in den Übergangsmonaten dagegen kann ungehindert eindringen. Sie sorgt für die Erwärmung des Glashauses. An heißen Tagen kann die kühle Luft über dem Teich angesogen werden und schafft dann auch im Inneren des Haupthauses ein angenehmes Klima. Die Hauptattraktion des Teiches aber sind die Seerosen und die den Teich wie ein Gemälde einfassenden Pflanzen, die bei nächtlicher Beleuchtung ihre eigene plastische und farbliche Dramaturgie entfalten. Nur wenige Wintergartenbeispiele zeigen bisher, wie faszinierend Lichteffekte eingesetzt werden können – und mit Energiesparlampen bestückt, ist ihr Stromverbrauch vertretbar.
Architekten: Fuhl + Kirsch

Funktionale Aspekte: Heizung, Belüftung, Beschattung

Trotz des großflächigen Glasdaches konnte bei diesem Wintergarten auf einen Sonnenschutz verzichtet werden – ausreichend große Bäume verschatten das Glashaus. Um der Helligkeit zu begegnen, wurde die Konstruktion dunkelgrün gestrichen, das Weiß der Rückwand durch ein Rankgerüst gedämpft, und auch der Fußboden mit seiner etwas rauhen Oberfläche ist bei viel Licht angenehm für das Auge. Für genügend Belüftung sorgt die Laterne, deren Fenster umlaufend geöffnet werden können, zusätzliche, elektrisch angetriebene Luftklappen sitzen am First, um die aufgestiegene warme Luft bei Bedarf schnell abführen zu können.
Firma: Oak Leaf

Der beabsichtigt kühl-modernen Ausstrahlung der Stahlkonstruktion dieses Wintergartens mit großen, bodentiefen Scheiben und dem dunklen Steinboden – der Baukörper schwebt gleichsam wie ein Aussichtsplatz über dem reizvoll angelegten Garten – läßt sich bei Bedarf durch eine Lichtinstallation mit warmen Tönen entgegenwirken.
Leuchtpunkte in den Stahlstützen, an den Fußpunkten und in der Decke, sowie Lichtstangen, die das Zentrum des Raumes einfassen, wenn dieser als Eßplatz genutzt wird, lassen den Raum in ein warmes Licht tauchen. Die Effekte können auf die jeweils beabsichtigte Raumstimmung eingestellt werden (siehe auch die Außenansicht auf Seite 148).
Architekten: Fuhl + Kirsch

Möbel im Wintergarten – phantasievoll, einfach, dekorativ

Phantasie ist gefragt für ein stimmiges Ambiente im Wintergarten, was nicht mit Konvention verwechselt werden sollte, im Gegenteil. Ist doch der Wintergarten so etwas wie das Spielzimmer für Erwachsene, wo phantastische Ideen ausgelebt werden können und jedes Möbelstück, das eine Assoziation mit Garten, Veranda, Frühling oder Sommer zuläßt, einen guten Platz hat. Der Wintergarten ist von der Idee her kein formeller Raum, es geht leger zu. Das sollte auch die Möblierung vermitteln und ähnlich unempfindlich sein wie Gartenmöbel, schließlich gibt es erhebliche Temperaturschwankungen im Wintergarten und es kann auch einmal recht feucht werden, wenn Pflanzen zum Interieur gehören. Solche Belastungen sollten alle Gegenstände im Wintergarten vertragen. Erreichbar ist dies durch robuste Materialien und leicht zu pflegende Oberflächen, denen auch starkes Sonnenlicht nichts anhaben kann. So bietet sich jede Form von Holz-, Korb- oder eisernen Gartenmöbeln an, mit denen sich auch gut farbliche Akzente setzen lassen. Tischplatten und Stoffe sollten ebenfalls Feuchtigkeit und Sonne vertragen können, polierte Holzoberflächen und wertvolle Stoffe passen eher nicht in den Wintergarten. Schließlich ist er eine funktionale Mischung aus Gärtnerwerkstatt und legerer Wohnwelt, in der auch ruhig einmal Gießwasser verspritzt und die Gartenerde unter den Füßen mit hineingetragen werden darf. Abbildungen alter Wintergarteninterieurs bieten eine Fülle von Anregungen und verweisen damit auf lange Erfahrung mit der Lust und Freude des Wintergartenlebens. An die früheren Sinnenfreuden scheinen wir uns heute erst wieder mühsam herantasten zu müssen – Überschwang in der Dekoration ist offenbar in unserer Zeit immer noch verpönt. Aber gerade der Überschwang an Dekoration, das fast zu Viel ist oft das, was unsere Sinne anregt. Die Konventionen abstreifen und kreativ werden läßt. Kreativität im Umgang mit Pflanzen, Garten, Erde und Wasser braucht dann eine entsprechende Möblierung, die nicht ständig zu Vorsicht mahnt. Gut nutzbare Oberflächen bieten rohes Holz, Naturstein, Metall oder starke Glasplatten, die Gebrauchsspuren vertragen und altern können – ein neuer Anstrich ist einfacher als die Erneuerung eines kostbaren Furniers. Im Wintergarten ist das ganze Jahr Saison, und jede Jahreszeit hat ihren eigenen Reiz, eigene Farben, Düfte und Pflanzen. Wer darauf in seiner Dekoration und Möblierung spielerisch reagieren kann, kommt der besonderen Atmosphäre eines Wintergartens am nächsten. Je ausgefallener die Arrangements, je mehr wird die Seele verwöhnt. Inzwischen gibt es wieder eine Vielzahl von Wintergartenmöbeln in den traditionellen Materialien und dazu phantasievoll gestaltete Pflanzborde und Gartenaccessoires, deren ganz persönliche Zusammenstellung dann das Unverwechselbare des Wintergartenflairs ausmacht.

Alle Möbelstücke, die bei schönem Wetter auch gut für den Garten geeignet sind, erfüllen ihren funktionalen und dekorativen Zweck ebenso im Wintergarten – am besten natürlich, wenn sie sich nahtlos in das „Gesamtkunstwerk“ eines solchen Raumes einfügen.
Architekten:
LOG ID, Dieter Schempp

Möbel im Wintergarten – phantasievoll, einfach, dekorativ

Reizvoll ist der Farbzusammenklang in diesem Wintergarten. Sonnengelbe Vorhänge laden zum Betreten des Gartenzimmers ein. Der lichte Farbklang setzt sich in den Korbmöbeln fort und findet seine Entsprechung in den filigranen Sonnenschutzbahnen aus feinsten Holzstäbchen: Assoziationen an die Unbeschwertheit des Lebens unter südlich heißer Sonne. Je nach Beschattungswunsch lassen sich die einzelnen Bahnen in die gewünschte Stellung bringen – Aufforderung auch zu reizvoll dekorativen Spielen mit Licht und Schatten. Firma: Marston & Langinger

Möbel im Wintergarten – phantasievoll, einfach, dekorativ

Diese drei Beispiele zeigen, welche Wirkung die architektonischen Elemente Fußboden, Farbe und Möblierung auf das Wintergartenambiente haben. Links vermitteln viele Grüntöne die Atmosphäre eines alten Pflanzenhauses, unterstrichen durch das Motiv der Bodenfliesen und die ursprünglich aus den Tropen stammenden Korbmöbel: ein Raum, der seinen Reiz vor allem bei großer Wärme entfaltet.
Firma: Marston & Langinger

Eine betont konventionelle Ausstattung mit Parkettboden, Teppich und Topfpflanzen lädt eher an kühleren Tagen ein.
Firma: Oak Leaf

Farbgebung, Bodenbelag und sparsame Möblierung schaffen die Stimmung einer alten Orangerie, die als Pflanzenhaus schon immer eine besondere Anziehungskraft auf die Menschen hatte: Der Raum für den Schlaf der Pflanzen, der vom Herbst bis zum Frühjahr nur selten betreten wurde, hat sich bis heute etwas Geheimnisvolles bewahrt. Die Erinnerung an das Geschenk der Natur vom Werden und Vergehen gemahnt uns mit leiser Aufforderung ans Carpe Diem.
Firma: Paris Ceramics

Architekten, Firmenverzeichnis, Bildnachweis, Literatur

Architektenverzeichnis und Bildnachweis

Architekturgruppe Bergmann Boerdner
Hünstetten
Seite 68, 69,
Foto:
J. Willebrand, Gruner+Jahr, Hamburg

AT 4-Stroebel-Rotthäuser
Haltern
Seite 22, 23, 24, 25,
Foto:
R. Richter, Architekturphoto, Dortmund

Fuhl+Kirsch
Hamburg
Seite 6, 54, 55, 148, 149, 151,
Foto: G. Rogers,
Gruner+Jahr, Hamburg

Geising+Böker
Vechta
Seite 52, 53, 80, 81, 82, 83,
Foto: A. Kiefer, Hamburg

Professor Rainer Hascher
Berlin
Seite 4,
Foto: R. Schenkirz,
Gruner+Jahr, Hamburg

M. Hecker
Düsseldorf
Seite 64, 65,
Foto:
J. Willebrand, Gruner+Jahr, Hamburg

Hinrichsmeier+Bertsch
Böblingen
Seite 76, 77, 78, 79, 132, 140,
Foto: I. Krewinkel,
Sindelfingen

Kovacs & v. Werz
München
Seite 9,
Foto: M. Paal, München
Seite 20, 21,
Foto: G. Rogers, Gruner+Jahr
Seite 46, 47, 48, 49,
Foto: M. Paal, München

LOG ID, Dieter Schempp
Tübingen
Seite 14, 15, 16, 17, 26, 27, 28, 29, 38, 39, 40, 41, 123, 124, 125, 141, 153,
Foto: R. Blunck, Tübingen

G. M. Mayr-Keber
Wien
Seite 66, 67,
Foto: S. Mayr-Keber, Wien

G. Merckle
Münster
Seite: 18, 19,
Foto: G. Rogers,
Gruner+Jahr, Hamburg

G. Müdde
Hamburg
Seite 58, 59,
Foto: L. Guderian,
Gruner+Jahr, Hamburg

P+V, Possehn Voges
Hamburg
Seite 34, 35,
Foto: A. Kiefer, Hamburg

H. Roth
Calw
Seite 117, Foto: H. Willig,
Gruner+Jahr, Hamburg

J. Schild
Hamburg
Seite: 13,
Foto: G. Rogers,
Gruner+Jahr, Hamburg
Seite 94,
Foto: H. Willig,
Gruner+Jahr, Hamburg

W. Stelzhammer
Wien
Seite 42, 43, 44, 45,
Foto: R. Steiner, Wien

U.+H. Timm
Hamburg
Gartenarchitekten
Seite 34, 35

H. Weyers
Haarlem
Gartenarchitekt
Seite 54, 55

P. H. Wilkens
Hamburg
Seite 89

Zusätzlicher Bildnachweis

G. v. Bassewitz,
Gruner+Jahr, Hamburg,
Seite 100, 103

Condé Nast Publication,
London,
Seite 128

A. Kiefer,
Seite 2, 3, 32, 33, 35, 90

B. Korab, Troy, Michigan
Seite 30, 31, 60, 61, 96, 97

OZON, Gruner+Jahr, Hamburg,
Seite 50, 51

G. Rogers,
Gruner+Jahr, Hamburg,
Seite 8, 131, 138

R. Stradtmann,
Gruner+Jahr, Hamburg,
Seite 91, 104

Thurmann,
Gruner+Jahr, Hamburg,
Seite 36, 37

J. Werle, Hamburg,
Seite 56, 57

J. Willebrand,
Gruner+Jahr, Hamburg,
Seite 94

H. Willig,
Gruner+Jahr, Hamburg,
Seite 62, 63, 90, 91

Firmenverzeichnis

Bartholomew Conservatories
5 Haslemere Industrial Estate
Weydown Road, Haslemere,
Surrey GU 27 1DW
Seite 136

Cornelius Korn GmbH
Von Linné Straße 1
22880 Wedel
Seite 13, 32, 33, 35, 89, 92, 93, 95

Das Glashaus
C. Busch
An der Eilshorst 15
22927 Grosshansdorf
Seite 2, 3, 70, 71, 72, 73, 74, 75, 90, 93

Glass Houses
Conservatories & Orangeries
63 Islington Park Street
London N1 1QB
Seite 101, 135, 143

Marston & Langinger Ltd
192 Ebury Street
London SW 1W 8UP
Seite 2, 3, 7, 84, 85, 90, 102, 105, 109, 111, 116, 127, 137, 154, 155, 156 oben

Oak Leaf Conservatories
Kettlestring Lane
Clifton Common Industrial Park
York YO3 8XF
Seite 87, 98, 99, 145, 150, 156 unten

Paris Ceramics, C. Busch
An der Eilshorst 15
22927 Grosshansdorf
Seite 115, 144, 157

Vale Garden Houses Ltd
Melton Road
Harlaxton Nr. Grantham
Lincolnshire NG 32 1HQ
Seite 120, 121, 122

Literaturhinweise

Dickson, von der Schulenburg
Wohngärten
Hildesheim 1989

Hix
The Glass House
Cambridge, Massachusetts, 1981

Hütsch
Der Münchner Glaspalast 1854 bis 1931
Berlin 1985

Klock
Pflanzen für den Wintergarten
München 1992

Köchel
Wintergärten – Vom Traum zur Wirklichkeit
München 1995

Kohlmaier, von Sartory
Das Glashaus
München 1981

Koppelkamm
Künstliche Paradiese
Berlin 1988

Koppelkamm
Gewächshäuser und Wintergärten im neunzehnten Jahrhundert
Stuttgart 1981

LOG ID
Wintergärten
Tübingen 1986

Marston
The Book of the Conservatory
London 1992

Neumann
Glashäuser aller Art
(Nachdruck von 1852),
Wiesbaden/Berlin 1984

Reiners, Timm
Der Wintergarten – Wohnkultur unter Glas
München 1990

Scheerbart
Glasarchitektur
München 1971

Timm
Der Wintergarten
4. Auflage,
München 1994

Tresidder, Cliff
Living under Glass
London 1986

Woods+Warren
Glass Houses
1988